LIDERAZGO EN TI

CLAVES PARA QUE SEAS UN LÍDER EXITOSO

MEL R. BRAVO

Publicado por Cesar R. Espino / CRE Companies, LLC

Liderazgo En Ti / Mel R. Bravo

ISBN 979-8-9866205-5-8 (dBook)
ISBN 979-8-9866205-4-1 (pbk)

DEDICACIÓN

Este libro está dedicado a aquellos que están buscando su propósito en la vida. A los que sueñan, luchan, creen en sí mismos frente a los desafíos, pero nunca se rinden ante cualquier adversidad. Espero que este libro te brinde herramientas que te ayuden a resolver los retos de tu vida para alcanzar tu objetivo. Cada persona tiene la capacidad de aprender y convertirse en un líder exitoso con determinación, compromiso, disciplina y fe. La vida pondrá a prueba todo tu potencial y la decisión es tuya, renunciar o tomar posesión de tu destino. Recuerda, no es cómo uno comienza, es cómo uno termina, pero cuando piensas que es el final de tu viaje, acaba de comenzar un nuevo capítulo en el ciclo de la vida.

INTRODUCCIÓN

"El secreto de la vida es caer siete veces y levantarse ocho." ~Paulo Coelho

El propósito de este libro es compartir mis conocimientos que marcaron mi vida. Esta experiencia me hizo enfrentar diferentes obstáculos que crearon múltiples pruebas y errores. En su forma simple, los fracasos te ayudarán a evaluar las decisiones cuidadosamente y crear nuevas posibilidades que cambiarán tu percepción de la mente. Mis intenciones en estas páginas son señalar varias claves a través de cada capítulo que te ayudarán en tu viaje de desarrollo personal para tomar decisiones efectivas. La vida te pondrá a prueba sin ningún control, pero lo que haces con cada decisión será tu elección.

Las decisiones en la vida conducirán a un resultado, ya sea positivo o negativo. No obstante, lo que hacemos de esa experiencia, independientemente de la decisión, es el poder verdadero. El poder es posesión, determinación y acción en cualquier aspecto de la vida. Lo que buscas en el autodesarrollo está muy dentro de ti impulsado por deseos personales, voluntad o ambición. Nuestras emociones influyen en tu percepción para cambiar la forma como pensamos, creemos y nos comportamos. La vida es un proceso de aprendizaje continuo que nos ayuda a adaptarnos y cambiar. Cuanto más abiertos estemos al cambio, más rápido podrás asimilar y transformarte en una nueva versión de ti.

El conocimiento es poder y el poder es todo lo que aprendemos a través de nuestra experiencia de vida. Trabajar sobre uno mismo requerirá el compromiso personal, el sacrificio y la voluntad de realizar la acción dada. Tomar una decisión es el primer paso para comenzar tu proceso de transformación y no es fácil. Durante tu viaje enfrentarás dudas, fracasos y decepciones que pondrán a prueba cada aspecto de tu vida. Espero que no te detengas en el pasado o el futuro y concéntrate en tu ahora. Invierte tu tiempo en ti mismo y transfiere esa información a otros que enfrentan los mismos desafíos.

¡Quién busca encuentra en su corazón y en su mente las respuestas!

"Tú, y solo tú, eres responsable en última instancia de en quién te conviertes y qué tan feliz eres."
~Rachel Hollis

PARTE I

¿NACE O TE FORJAS?

"El liderazgo y el aprendizaje son indispensables el uno al otro." ~John F. Kennedy

¿El líder está hecho por la genética o se desarrolla? ¿Puede ser esto una combinación de ambos? Durante el proceso de fertilización, millones de células masculinas compiten para unirse con un óvulo femenino creando una fusión. Además, solo una célula llegará a la meta para comenzar el proceso que creará un nuevo organismo y la vida humana comenzará a desarrollarse. Sin embargo, esta perspectiva biológica ocurre de manera involuntaria, lo que convierte a cada individuo en luchadores y supervivientes antes de que cada uno de nosotros nazca. Según dos de los más grandes filósofos, Platón y Descartes, los factores del desarrollo humano tienen lugar por naturaleza sin factores externos. El concepto similar será aplicable con los factores de desarrollo humano que tienen lugar mediante el desarrollo sin factores internos. Por ejemplo, el 20% de los rasgos de liderazgo es biológico y el 80% es crecimiento y desarrollo que se logra a través del entorno. El entorno remodelará la percepción de la realidad a través de nuestro proceso de aprendizaje en la vida. Nuestra experiencia personal influirá en las características de los rasgos de liderazgo como la comunicación, respeto, gratitud e influencia que son procesos de aprendizaje. El aprendizaje se logra mediante el compromiso, dedicación, determinación e inversión de tiempo para lograr el objetivo propuesto. El libre albedrío para aprender algo está dentro del individuo que se crea por desesperación, autoconciencia, práctica, repetición y persistencia. Muchas personas están buscando una fórmula secreta para convertirse en un gran líder, pero tres lecciones principales lo llevarán a estos niveles en función del tiempo, autocontrol y desarrollo constante.

Primero, el liderazgo es un proceso de tiempo. El objetivo es aprovechar al máximo lo que tenemos al determinar cómo pasará el tiempo. Aprovechar al máximo este tiempo de manera productiva te preparará mejor. La preparación puede venir en muchas formas, pero principalmente es lo que haces para desarrollarte mejor. Nada se regala, sino que se gana con trabajo y dedicación. Este proceso de aprendizaje requerirá compromiso, esfuerzo y disciplina para aprender las habilidades necesarias.

En segundo lugar, el líder requerirá un estado de ánimo autónomo. Esta responsabilidad está dentro del individuo para enfrentar los desafíos. Las personas con iniciativa propia son dedicadas y detallistas en el trabajo que realizan. La inspiración es animarte a ti mismo, lo que te permite alcanzar el éxito. El deseo de buscar conocimiento y desarrollo es el primer paso, luego formarás otros líderes. Finalmente, el aprendizaje es un proceso recurrente que nunca se detiene. El líder siempre continúa buscando respuestas y experimentando nuevas ideas, pero nunca pierde la curiosidad en la vida. La curiosidad abre nuevos horizontes y la creatividad. Los mejores recursos de información son las personas, pero también el individuo puede aprender de un niño. El líder debe estar abierto al aprendizaje independientemente de la edad de la persona. Sin embargo, la información recibida puede proporcionar una respuesta negativa o positiva. Primero, si la información es negativa entonces usa esa información como una herramienta de aprendizaje para evitar cometer el mismo error y esta situación no se repita. En segundo lugar, si la información es positiva, refleja la experiencia y comienza a moldearla según tus necesidades. Independientemente de la información que recibamos, el objetivo principal es saber qué haremos con dichos recursos. Muchas personas no saben qué hacer cuando reciben información o no saben cómo usarla. La perspectiva puede cambiar y cada individuo puede tomar una decisión al respecto.

Un líder puede ser una combinación de biología y aprendizaje. Algunos líderes tienen el talento natural desde el nacimiento y otros lo adquirirán a través de un proceso de aprendizaje. El proceso de aprendizaje no es fácil en la vida. La vida está llena de problemas y desafíos que requerirán una resolución. Resolución es aprender de dicha información, comprensión y aplicación. El individuo puede tener las herramientas, pero no usarlas apropiadamente no llevara a ningún resultado. Para lograr el resultado, el individuo requerirá autodeterminación, ya sea para tomar tal iniciativa o dejar pasar esa oportunidad y continuar quejándose de cómo la vida es injusta. Deja de ponerte excusas porque cada oportunidad es para aprovecharla.

2

TOMAR ACCIONES

"¿Quieres saber quién eres? No preguntes ¡Actúa! Tus acciones te mostrarán y te definirán." ~ Thomas Jefferson

Un desafío importante en el liderazgo es que nos quejamos de todo y no tomamos medidas para solucionarlo. La pregunta que viene a la mente es por qué dejamos las cosas para más tarde, incluso durante una decisión. La decisión permite a cada individuo hacer una elección basada en diferentes opciones. Las opciones se determinan en función de una situación determinada. Sin embargo, tomar la decisión correcta no es el problema; el problema es tomar la decisión en general. ¿Qué impide que cada líder tome una decisión? Varios factores se enfrentan a la falta de toma de decisiones: influencia del miedo, ansiedad, frustración y baja autoestima a la hora de actuar. Por ejemplo, antes de que te contraten en cualquier organización, la empresa te obliga a firmar diferentes documentos en función de las políticas, los procedimientos, el código de vestimenta, etc. Los documentos proporcionan un reconocimiento y un acuerdo que comprende las expectativas en el lugar de trabajo. La decisión y elección es clara, si cumples firmando este documento obtienes el trabajo. No firmar este documento es negarse a obedecer las políticas y procedimientos de la organización. En muchas ocasiones nos enfrentamos a retos que por la indecisión nos limitamos a hacer una elección. El objetivo es que debemos tomar medidas generando un plan de trabajo que nos ayude a alcanzar lo que estamos tratando de hacer y lo que queremos lograr. Tomar acción no es esperar a que ocurra un milagro o resolver las cosas de inmediato, sino trabajar en una estrategia para alcanzar los objetivos específicos. Tomar acción requiere escribir, leer, especificar tu meta y poner en práctica el plan.

En primer lugar, para comenzar cualquier plan de acción, el objetivo debe establecerse por escrito. Por simple que parezca este paso, tendemos a ignorarlo. El pensamiento es como escribirlo en nuestra mente con tinta invisible. La mente consciente lo retendrá por un lapso de tiempo, pero la memoria se desvanecerá provocando diferentes cambios. Nuestro sistema de creencias limitará nuestra acción porque no hay compromiso. La escritura de este objetivo se convierte en un contrato vinculante entre uno mismo. No hay peor promesa que romper la tuya.

El segundo paso es leer el compromiso diariamente. Por ejemplo, antes de levantarnos temprano para el trabajo o la escuela ponemos nuestro despertador. La alarma es una llamada de atención para completar tu rutina matutina antes de llegar a tu compromiso. El despertador es como leer para recordarte y reforzar las obligaciones. Un factor a considerar acerca de un compromiso determinado es que no se completarán todas tus expectativas. Cuando tienes una lista grande se vuelve tan estresante que nos consumimos y nos perdemos en nuestro propio objetivo. La forma de enfrentar este desafío es priorizando la lista, de lo más importante a lo menos o lo que requiere una acción inmediata. El peor error es tratar de hacer todo y no hacer nada. ¿Esto te suena familiar? Además, leer tu compromiso es solo el comienzo hasta que se lleva a cabo la acción en tu vida. Por ejemplo, cada comienzo de año las personas se comprometen con una resolución. Una resolución importante es perder peso y ponerse en forma. Sin embargo, durante el mes de enero los gimnasios se llenan y conforme pasan los meses la inscripción va disminuyendo. El individuo puede comprometerse a hacer algo, pero si no se toma la acción, el resultado no se logra.

El tercer paso es especificar la hora estimada de llegada. Tenemos que centrarnos en el destino, pero comprometernos con la llegada. Por ejemplo, al tomar un avión tenemos la hora de salida y la hora de llegada. El cronograma específico es para mantener y producir resultados efectivos en lo que estás tratando de lograr. Las rutinas crean buenos hábitos que ayudan al líder a prepararse, organizarse y hacer las cosas en el tiempo adecuado. El compromiso mantiene al individuo encaminado y establece una dirección clara en el plan.

La etapa final es poner en práctica tu plan para alcanzar la meta. El establecimiento de objetivos se alcanza mediante la exactitud y la precisión. En otras palabras, el individuo requiere precisión y exactitud, que es una forma de medición. Por ejemplo, el trabajo de ventas requiere medir el desempeño de uno. Si el objetivo es vender diez computadoras por mes y solo vendió cinco, entonces logra un 50% de precisión del objetivo total. La precisión es la proximidad al blanco u objetivo dado. Sin embargo, hipotéticamente hablando, si las cinco computadoras se vendieron el mismo día, entonces se logró su precisión. La precisión describe el objetivo aproximado de la relación entre sí. Vender todas las computadoras en un día es como dar en el blanco una y otra vez brindando una gran precisión.

Finalmente, el objetivo es tener una visión en la que creas con el corazón y la mente. Haz que suceda, aunque caigas varias veces en ese único plan. Muchos grandes lideres fallan varias veces en su plan y nunca se dan por vencidos hasta el punto de alcanzar el éxito. Sigue tomando acción trabajando en ello y créalo hasta que se convierta en una realidad. El impulso es un factor importante para alcanzar los objetivos. Tener el deseo de hacer las cosas y cambiar tu perspectiva es un punto clave. Muchas personas están atrapadas en una situación dada debido a la falta de cambio y oportunidad. El cambio a lo desconocido limita nuestra capacidad para ejecutar un plan determinado, además, tiene que ver con la oportunidad y no ver la oportunidad que limita al individuo. A veces la tenemos frente a nosotros, pero no tomamos medidas. El desafío es que cuando se va nunca regresa. La mejor manera de entender este enfoque es evaluando todas las circunstancias fuera de la caja. La forma en que nos limitamos es por actitud, compromiso, dedicación y falta de urgencia. Un gran error durante esta etapa es cambiar el plan. El plan cambia al desarrollar una estrategia de salida o plan B. En realidad, esta no es una estrategia de salida sino una nueva estrategia que lo desvía del plan original. Parte del desafío de la estrategia original es que el plan no se desarrolló correctamente si piensas que no funcionará. El objetivo no es cambiar el plan sino hacer ajustes y mejoras en la estrategia dada. No obstante, si la estrategia no funciona después de algunos intentos, ahora es el momento de abandonar el plan y trabajar en otro. Utiliza este fracaso como oportunidad para aprender y continuar en tu búsqueda de liderazgo tomando acciones.

3

ESTABLECER METAS

*"Establecer metas es el primer paso para convertir lo
invisible en visible."* ~Tony Robbins

Nos mueven los deseos que nos ayudan a motivar nuestras necesidades. Los que trabajan duro tienen éxito y los que demoran sus tareas fracasarán. El establecimiento de metas es el factor clave para alcanzar el éxito deseado. El establecimiento de objetivos se genera con la mentalidad y el sentimiento correctos para lograrlo con un sentido de urgencia. Sin embargo, el establecimiento de objetivos por parte de un líder es tener la mentalidad y la determinación correctas en todas las decisiones.

Dos factores principales que determinan el impulso para tener éxito son el enfoque interno y externo. Cuando se habla de enfoque interno es la percepción de la mente y el corazón para hacerlo. El mayor desafío es cambiar nuestra mentalidad. Cambiar nuestra mente está influenciado por nuestra experiencia personal a lo largo de la vida. Esta experiencia personal moldeará nuestra vida, la forma en que nos sentimos, pensamos y creemos, afectando nuestra toma de decisiones y nuestra realidad. Esta percepción se transmitirá a las generaciones futuras. Nuestra mente es tan poderosa que convierte nuestra percepción en realidad. La realidad se convierte en lo que queremos que sean cuando lo creemos en nuestra mente y lo sentimos con el corazón. El corazón también impulsa la voluntad interna. El corazón pone la emoción en el lugar influenciando nuestra mente para actuar. Nuestras emociones pueden tener un efecto positivo y negativo en nuestra toma de decisiones. Para impulsar resultados debemos mantener una actitud positiva que pueda transformarse en buenas vibraciones, sentimientos y acciones. El sentimiento correcto es tener la mentalidad, la determinación y la actitud que llevarán tus metas al éxito.

Por otro lado, los factores externos pueden influir en cada unidad individual. La realidad es que la negatividad traerá negatividad, tanto en el corazón como en la mente, creando y construyendo desconfianza, dudas, frustración y otras emociones que te harán perder el control de las circunstancias y el enfoque. Somos un producto de nuestro entorno, que puede moldear nuestra imagen, cómo somos percibidos, vistos e identificados como somos en la vida. Si te rodeas de personas motivadas, positivas y orientadas a los negocios, el mismo entorno nos atrae a nosotros. Una cosa para recordar siempre es que los factores internos y externos no dictan nuestra decisión por completo. Somos el producto de quienes elegimos ser, mantenemos esta creencia en nuestra mente y corazón al impulsar nuestras metas para lograr el resultado. Recuerda que tomar la decisión correcta se trata de evaluar cada posibilidad y qué consecuencias se pueden considerar.

El establecimiento de objetivos no es difícil de lograr, sino que requiere organización y disciplina. La disciplina es un proceso que se logra a través del tiempo con organización y autocontrol. Por ejemplo, cuanto mejor hayas organizado las ideas o la situación, más efectivo será el resultado que generarás. Cuando el estudiante está seleccionando una universidad, debe evaluar la carrera y la prueba de admisión para ser aceptado. La preparación para esta prueba es crucial para obtener la mejor puntuación, pero todo se reduce a opciones. El estudiante puede optar por estudiar para el examen o no. No obstante, por cada acción habrá una reacción opuesta. Si los estudiantes estudian, tendrán una alta probabilidad de aprobar el examen y ser admitidos en la universidad de su elección. Por otro lado, si los estudiantes no estudian, el resultado será lo contrario creando frustración, enojo, decepción, duda de sí mismos, etc. Tener el plan correcto y ejecutarlo proporciona un resultado específico. Este plan es impulsado a través de nuestras emociones que toman un mayor sentido en nuestra vida. Por ejemplo, convertirse en médico no se hace por una ganancia momentánea, sino porque desea salvar la vida de las personas. Este comportamiento está guiado quizás por una experiencia personal que cambia tus puntos de vista. Cuando cualquier individuo se compromete con un plan, no hay nada que pueda detener o limitar a la persona en lograr sus objetivos. Tener la mentalidad correcta crea determinación, pero requiere disciplina.

La autodisciplina se trata de un compromiso personal que crea sacrificios y trabajo duro. A veces, la forma más fácil y rápida de hacer las cosas no proporcionará el resultado que buscas como líder. Muchos dueños de negocios no entienden este concepto porque su enfoque es sobre la ganancia en la organización. Por ejemplo, muchos propietarios buscan mano de obra barata, por lo que el enfoque no está en la calificación o la experiencia del individuo, sino en cuánto ahorrar al traer varios empleados a la organización. La mentalidad de líder debe basarse en la calidad de las personas que aportarán a tu equipo para aumentar la imagen, las ventas y el servicio al cliente. La realidad es que, si deseas traer a los mejores empleados o crear un equipo de ensueño para la organización, debes pagar más. Además, la expectativa del empleado será mayor y exigente. Puedes ver este modelo de negocio en equipos profesionales. El París Saint Germain F.C. (PSG) trajo a dos grandes superestrellas a su organización, Neymar da Silva Santos de Brasil en 2017 con 4 millones de euros mensuales y Lionel Messi de Argentina en 2021 con 3.375 millones de euros mensuales para reforzar el equipo PSG. Organizaciones como el PSG están evaluando su retorno de la inversión en estos mega tratos y cómo se beneficiarán tales jugadores. La disciplina no se trata de seguir reglas o expectativas, sino de crear tus propias metas. Cuanta más disciplina tenga el individuo, más centro y determinación tendrá para lograr el objetivo deseado. La disciplina es consistencia, organización, persistencia y auto impulso para hacer el trabajo sin importar las barreras en la vida.

4

AUTOEVALUACIÓN Y VALORACIÓN

"El éxito llega a aquellos que no pierden el tiempo mirando y criticando lo que hacen los demás, sino enfocándose en una autoevaluación honesta y en lo que tienen que hacer." ~Amit Abraham

Uno de los mayores desafíos que enfrentamos como líderes es confiar en uno mismo por encima de nuestro entendimiento. La creencia de que tenemos todas las respuestas y que sabemos algo o todo es un error. Un factor que altera esta percepción es la experiencia personal. No confiar en uno mismo o en los demás está influenciado por resultados negativos con la experiencia personal y el entorno. Por ejemplo, al provenir de una infancia abusiva la confianza se convierte en un factor que se apodera de la decisión de vida. El comportamiento continúa en la edad adulta influyendo en la personalidad a través del pensamiento, los sentimientos y el comportamiento de los demás. ¿Cómo podemos recuperar la confianza cuando nos lastimamos emocional, mental y físicamente? Para protegernos a nosotros mismos construimos un mecanismo de defensa de que nuestra acción es inconsciente dominada por nuestro corazón y mente. El punto es que para recuperar el control de uno mismo debemos pelear la batalla de la confianza. Esta lucha se libra dentro, no fuera de uno mismo. Muchos creen que la batalla es contra otros individuos y no contra uno mismo. El mayor desafío es amarnos a nosotros mismos antes de que otros comiencen a aceptar quiénes somos como personas. La percepción se realiza como una forma de creer en nuestra mente y corazón. El enfoque puede ser negativo o positivo dependiendo de cómo elijamos creerlo y aceptarlo. Por ejemplo, al viajar en el avión, los procedimientos de seguridad mencionan qué hacer en caso de pérdida de presión en la cabina. Las instrucciones son claras por el sobrecargo, ponerse la mascarilla primero antes de ayudar a los demás, pero ¿por qué? Imagínate haciendo lo contrario y le ponemos a un niño la mascarilla ¿será capaz de hacernos lo mismo? La respuesta será probablemente no y ahora nos situamos en un escenario negativo para fracasar. El líder debe confiar en sí mismo y tomar el toro por los cuernos para lograr el éxito. La propiedad en cada decisión hace que cada líder sea responsable de sus acciones. Esta forma de entender no es fácil porque necesitamos cambiar nuestras creencias internas y externas. Necesitamos entender que el mayor crítico en nuestra vida es uno mismo. Parte del desafío es ser perfeccionista. La perfección pone límites al crecimiento y desarrollo individual. Sin embargo, ningún individuo es perfecto porque tendemos a equivocarnos. Una cosa para recordar es que nuestra imperfección es lo que nos hace únicos y quienes somos en el mundo. La imperfección ayuda a cada individuo a mantener el enfoque en algo más grande de lo que creemos. Sin embargo, la perfección detiene muchas metas y objetivos en la vida. Esto crea dudas sobre uno mismo y todo lo que se hace nunca es demasiado bueno para el individuo. A veces ni siquiera nos damos reconocimiento a nosotros mismos, entonces, ¿por qué deberíamos esperar que otros nos den reconocimiento?

La autoevaluación en el liderazgo requiere celebrar los logros, la singularidad, el compromiso, la paciencia y la dedicación, por nombrar algunos. Muchos líderes no logran celebrar las victorias logradas por un resultado determinado. Lo único en mente es pasar al siguiente objetivo. El líder no debe olvidar el trabajo duro y la dedicación del equipo y de uno mismo. En otros casos, el líder no logra completar el objetivo completo. Independientemente, el líder debe celebrar el logro porque está un paso más cerca de alcanzar o lograr el éxito. En algunos casos, solo porque no alcanzaron los objetivos completos asumen que fallan. El fracaso es bueno porque esto te ayudará a lograr la perseverancia y la dependencia. Esto requiere un equilibrio, incluso el fracaso es natural para nuestro desarrollo, pero no nos debemos conformar. Una vez que te adaptas al fracaso, se convierte en parte de lo que eres como individuo. El enfoque debe ser claro y si no alcanzamos la meta una vez, debemos seguir intentándolo sin detenernos. Por ejemplo, Benjamín Franklin, fundador de los Estados Unidos, inventor y científico, fue un verdadero testimonio de determinación y perseverancia. Sí, falló miles de veces antes de alcanzar su objetivo, pero nunca se rindió. Franklin usó esas fallas para aprender, ajustar, adaptarse y crecer. El objetivo no es conformarse o detenerse en la situación dada porque esto conducirá a quedarse atascado en un escenario en lugar de seguir adelante. Un factor que impide que los líderes sigan adelante es la negación. La negación limita tu potencial para alcanzar un objetivo dado en la vida. Por ejemplo, la negación suprime el sentimiento de lograr un sentido de pertenencia o aceptación en la sociedad. A veces, esto se puede usar como una forma alternativa para ocultar las emociones y los sentimientos. Cuando nos conformamos con la negación, la falta de confianza comienza a apoderarse de la mente y el cuerpo. No cambies quién eres, pero haz que la gente reconozca tu singularidad.

Cada líder individual es único, debe ser uno mismo, no alguien más. Intentar ser tú y no cambiar tu personalidad ayuda a generar confianza. Para ganar aceptación en la sociedad, muchos líderes siempre intentan cambiar quiénes son. Queremos tener un sentimiento de pertenencia por lo que alteramos nuestro camino en lugar de complacernos a nosotros mismos. La singularidad es lo que hace el porcentaje superior. Cada líder individual tiene su propia habilidad, don y pasión en la vida. La pasión es el motivador que pondrá en movimiento tus deseos. La clave es identificar la singularidad de uno y seguir su pasión en función de esa habilidad. Por ejemplo, si tu singularidad es la música, entonces conviértete en un instructor de música o algo relacionado con ese campo. Estamos atascados sin desarrollarnos a nosotros mismos porque seguimos la fama y la fortuna, pero no nuestras habilidades o dones. Una vez que sigues la verdadera vocación, se convierte en una pasión, no en un trabajo. Cuando haces algo con amor, nada te detiene. El amor no tiene límites, poder, conocimiento o comprensión. Sin embargo, al combinar todo lo anterior, el amor se convierte en una poderosa herramienta en nuestra vida.

La determinación en el liderazgo ayuda a mantener el enfoque y la dirección de la vida. La determinación impulsa tu resultado. Cuando te enfrentas a una situación dada, lo primero en nuestra mente y en nuestro corazón es rendirnos. El problema se apoderará del líder y no tendrá una visión clara o comprensión de la situación. Preguntar es la clave para buscar todas las respuestas. Necesitamos estar decididos a tener una mentalidad clara y no centrarnos en el problema. Por ejemplo, no dejes que nada te impida alcanzar tus metas, sueños y objetivos en la vida. Continúa trabajando diariamente en tu visión y debes saber que estás un paso más cerca de convertirse en realidad. El liderazgo requerirá trabajo duro, perseverancia y dedicación, nada es fácil en la vida. Sin embargo, la recompensa llega a aquellos que fijan su mente y corazón en el enfoque correcto. Por ejemplo, el coronel Harland Sander, el fundador de Kentucky Fried Chicken (KFC), es un verdadero embajador de que la edad no tiene límite para alcanzar tu máximo potencial. Sanders enfrentó diferentes desafíos en su vida temprana, como la muerte del su padre, la deserción escolar, el padrastro abusivo y múltiples trabajos en diferentes compañías. El éxito empresarial de Sanders llegó a los 60 años con un enfoque de franquicia que se convirtió en un éxito internacional. A los 74 años era multimillonario y su rostro sigue siendo la imagen de KFC.

El líder debe utilizar el pasado como una forma de aprender y crecer, así que asume la responsabilidad de avanzar. El pasado no determina el futuro, así que no te detengas en él. Sigue avanzando y nunca mires atrás, pero usa esto como una lección para aceptar el presente. El líder se enfrenta a diferentes retos y para superarlos es necesario afrontarlos. El líder debe estar preparado para enfrentar las adversidades que trae la vida y sacar lo mejor de ella. La vida no es justa ni fácil pero el líder debe ver más allá de la experiencia. En algún momento, no seguir el camino anterior puede resultar una falta de compromiso con el cambio. Cuando miramos hacia atrás nos quedamos atrapados en el tiempo y la confianza se convierte en una pregunta. El presente pondrá en marcha el futuro una vez que esos conceptos sean aplicados desde nuestra experiencia. Cuanto más nos conocemos a nosotros mismos es el comienzo de aceptar la realidad en la vida.

5

LIDERAR CON EL EJEMPLO

"El verdadero poder de un líder está en la cantidad de mentes que puede alcanzar, corazones que puede tocar, almas que puede mover y vidas que puede cambiar."
~ *Matshona Dhliwayo*

Actualmente vivimos en una era de tecnología. La tecnología está impulsada por la información. ¿Qué hacemos con la información y la tecnología es la verdadera pregunta? El líder debe entender que tanto la tecnología como la información son importantes para el desarrollo de su éxito. Uno de los principales desafíos por los que los líderes fracasan es la falta de adaptabilidad a dicho crecimiento tecnológico. Muchos líderes no logran adaptarse creando conflictos. Por ejemplo, Nokia fue un ejemplo de la falta de adaptabilidad y resolución para responder a las necesidades de cambio que resultó en la caída de la organización. Nokia, el gigante de las redes celulares, dominó el mundo de las comunicaciones. En 2007 se enfrentó a un competidor con nuevos avances tecnológicos y avances innovadores del visionario Steve

Jobs. Se lanzó el primer iPhone de Apple y sacó a Nokia y Android de la ecuación. El exceso de confianza y conformidad de la organización no preparó a Nokia para este nuevo desafío. El líder debe evolucionar a medida que la sociedad continúa cambiando y desarrollándose. El líder debe estar listo para reaccionar y adaptarse al entorno cambiante para evitar una reacción tardía. La decisión del líder y la efectividad de tal acción deben ser precisas. Muchas personas fracasan en el logro de metas y objetivos porque no toman las medidas necesarias en el momento correcto. Además, cada acción debe evaluarse para garantizar que dicha decisión sea la mejor para el líder y la organización que representan. La evaluación le dará al individuo una comprensión clara de qué acciones proporcionarán un resultado efectivo. Por ejemplo, antes de desarrollar un negocio, el inversionista debe considerar todos los pros y los contras. El inversor evaluará el mercado, el producto, el retorno de la inversión, etc. Esta evaluación producirá una comprensión clara de si el negocio vale la inversión o no. Se requiere que el líder haga su debida diligencia al evaluar la situación dada para tomar la mejor decisión basada en hechos e información precisa.

El líder debe involucrarse con cada miembro que supervisa. El líder debe predicar con el ejemplo con un enfoque práctico de liderazgo. La comunicación en el liderazgo es la base para comprender las necesidades, generar compromiso, desarrollar la confianza, el respeto mutuo y tomar medidas para que cada individuo, empleado o seguidor haga las cosas. El líder debe entender que necesita a cada trabajador y viceversa. La pregunta que impulsa al líder es cuánto tiempo dedica a hablar con su gente y capacitar a sus miembros. Por ejemplo, cuanto más tiempo pase con su gente, mejor resultado brindará en la organización. Sin embargo, cada líder debe tomar su propia decisión y responsabilizarse por tales acciones. El éxito del líder y de la organización depende de la capacidad de asumir riesgos calculados.

El papel de los líderes es plantar una semilla en cada seguidor. El líder debe construir otro líder como uno mismo. El líder debe transferir su conocimiento a los demás. El desafío es que no todos quieren o están listos para ser líderes. Por ejemplo, durante el tiempo que fui gerente de una tienda *retail Store* mi subgerente tenía potencial para ser el próximo líder. Sin embargo, en muchas ocasiones manifestó que no quería asumir la responsabilidad, aunque ya estaba haciendo el trabajo. Años más tarde lo encontré como gerente de tienda en una de las antiguas tiendas de esa cadena. ¿Qué cambió y por qué tomó este trabajo que durante muchos años rechazó, aunque yo lo presione duramente? La respuesta es que en esos años anteriores yo estuve plantando la semilla. Sin quitar ningún crédito o logro individual, entendí que cada individuo debe dar ese salto de fe interior. El individuo aprende y toma decisiones basándose en la experiencia personal y no en el conocimiento de los demás. Por ejemplo, Steve Jobs desafío a su equipo de ingenieros a producir un iPod más pequeño. Él sabía que este prototipo podía reducirse, así que tomó el iPod y lo dejó caer en una pecera, lo que creó burbujas. Jobs le dijo al equipo que las burbujas representaban el espacio libre. El líder pudo ver lo que los seguidores no estaban viendo. Los ingenieros cuestionaron todo su potencial y habilidades para crear un iPod más pequeño. El papel del líder es influir en el seguidor y dirigirlo al máximo potencial de sus habilidades como lo hizo Jobs.

PARTE II

6

DESARROLLO DE ALIANZAS SÓLIDAS

"Ir juntos es un comienzo; mantenerse juntos es un progreso; trabajar juntos es el éxito." ~Henry Ford

Construir alianzas sólidas es fundamental en el crecimiento de cada organización. El líder debe vender su concepto a cada individuo. Esto establecerá un vínculo y un mejor entendimiento para alcanzar un objetivo común. La relación debe ser mutua para conocer a cada integrante y de cada integrante su forma de pensar, sentir y actuar del líder (se debe proporcionar una solución a cualquier problema en lugar de simplemente presentar el problema al líder). El individuo necesita tomar decisiones y actuar como líder cuando sea necesario. No obstante, la comunicación es el factor impulsor en la construcción de alianzas sólidas y el crecimiento de dicha relación. Sin embargo, la comunicación no solo abarca la transferencia de información, sino también la recibida. En otras palabras, el líder debe ser un gran oyente. A veces pasamos más tiempo hablando que escuchando. El individuo pasa más tiempo hablando que escuchando las necesidades de cada miembro (La comunicación es una calle de doble sentido para dar y recibir información). Un factor detrás del liderazgo es generar confianza, respeto, obediencia y control. El objetivo detrás del control es la medición. La expectativa es influenciada por tres factores principales: planificación, influencia y paciencia. Primero, el líder debe tener un plan claro de las expectativas y la dirección que quiere seguir. Esta expectativa debe ser transferida a cada individuo con claridad. La mejor manera de clarificar tal expectativa es haciendo preguntas (El líder debe hacer las preguntas correctas a cada individuo para obtener objetivos claros). En segundo lugar, el líder debe influir en cada individuo para que escuche, siga y ejecute la solicitud. La influencia no debe ser forzada sobre el individuo. La influencia debe tener un beneficio mutuo entre el líder y los individuos. Tener una situación en la que todos ganan impulsa la influencia. ¿Qué puntos en común se comparten entre ambos que generarán un vínculo? Vínculo es compartir con una creencia, ideal, visión, beneficio, etc. Finalmente, la paciencia enseña autocontrol cuando se enfrenta a eventos impredecibles. Podemos estar de acuerdo en que varios eventos son incontrolables generando estrés en cada individuo. El líder debe comprender que la humanidad no es perfecta y requiere capacitación y desarrollo. En otras palabras, no nacemos sabiendo todo y requerimos de un proceso de aprendizaje. La capacitación y el desarrollo ayudan al líder a reforzar lo que está tratando de comunicar a cada individuo.

La relación entre el líder y los seguidores es un factor importante en la construcción de una asociación y una alianza sólidas. Cada forma de pensar individual es diferente y, en algunos casos, no se alineará con la creencia o el ideal de los líderes. Independientemente, el líder y el individuo deben mantener un respeto mutuo. Es posible que no estemos de acuerdo con el punto de vista de alguien, pero debemos respetar la opinión y la decisión. Muchos líderes no entienden quién está realmente peleando la batalla en una organización dada. Los empleados están en primera línea atendiendo las quejas y solicitudes de los clientes para mejorar la operación. El líder se involucra en la búsqueda de respuestas que ayuden a generar mejores estrategias para brindar soluciones a los deseos y necesidades de cada público ideal. El líder debe comprender que no solo importa la audiencia en la organización, sino que la columna vertebral de la empresa son las personas que están dentro de ella. Conocer a cada miembro puede sonar como una tarea difícil. No obstante, el líder debe invertir el tiempo con cada individuo. Sabemos que cada mente es su propio mundo. Y no digo que el líder deba cumplir con la necesidad de todos los individuos de la organización, la inversión de tiempo por parte del líder ayudará a moldear a un mejor individuo para el futuro.

El líder debe tener la capacidad de adaptarse a las audiencias. Por ejemplo, debe lidiar con diferentes áreas de operación del negocio. Los individuos tienen su propio estilo personal. La capacidad de hablar con cada persona requerirá adaptaciones. No todos piensan y actúan de la misma manera, por lo que el líder debe comprender las necesidades y los deseos de cada seguidor. Debe identificar cómo influir y motivar a cada individuo. Muchos líderes creen que un seguidor solo quiere dinero como compensación, pero la realidad está lejos de ser así. Los seguidores son influenciados por el respeto, el aprecio o algún tipo de elogio. Algo tan simple como "buenos días" y "gracias" genera un mayor impacto en el seguidor. No obstante, no digo que el factor dinero deba ser ignorado. Por ejemplo, en algunas empresas un empleado puede ganar más dinero que el dueño de un negocio. Estas empresas se basan en una estructura basada en comisiones. Algunos líderes limitan el crecimiento de los empleados restringiendo sus comisiones. Estas limitaciones restringen el crecimiento de la organización y crean conflicto de intereses con cada empleado. Además, el líder restringirá la capacidad de permitir el crecimiento de la empresa y puede generar problemas legales si no se maneja adecuadamente. El éxito de la organización depende de la decisión que tome el líder. El líder debe pensar más allá de sus deseos o necesidades para adaptarse a los objetivos de la organización.

7

ARRIÉSGATE SIN MIEDO

"Son nuestras decisiones las que muestran lo que realmente somos, mucho más que nuestras habilidades."
~J. K. Rowling

El miedo establece limitaciones y trae dudas en la mente de uno. Para vencer el miedo hay que enfrentarse a él de frente. Tomar el riesgo es uno de los mayores desafíos que cualquier líder puede enfrentar. Nos enfrentamos a dudas en nuestra mente y miedo en nuestro corazón que toman el control de nuestro cuerpo. Además, el miedo puede resultar tanto en experiencias negativas como positivas. En algunos casos el miedo puede ser engañoso o mentira. En otros casos, el miedo puede llevar a la verdad, al poder y a la fuerza. Independientemente de cómo veamos el miedo, puede inducir la acción individual. Una experiencia personal fue un intento de salto *bungee* que iba a realizar. El miedo empezó con solo pensar en el salto. La plataforma estaba en una colina mirando hacia el océano. En mi mente, la cuerda se iba a romper y me enfrentaba a todos los pensamientos diferentes, incluso antes de que ocurriera el salto. Había más presión en mi mente cuando me preparaba para saltar. Además, mi corazón y mi mente estaban aterrorizados. El calor se estaba apoderando del cuerpo, y mi respiración era cada vez más profunda. Mi corazón latía con un *tempo allegro*. El miedo se había apoderado no sólo de mis creencias sino también de mis emociones. Antes del salto, eché un último vistazo a la caída, pero me acerqué al desafío. En ese momento el entendimiento era claro, no había punto de retorno y la acción era saltar. La caída alivió mi mente y mi corazón que duró tres segundos como máximo. Durante ese momento, la comprensión de que el miedo me impedía lograr mi objetivo fue cuestionable. El acto del miedo toma el control y limita nuestras acciones. Lo que debemos entender es que al otro lado del miedo hay una recompensa y la esperanza de lograr la meta deseada. Pasar a la acción es recuperar el control de nuestras emociones, la forma de pensar, la percepción del resultado teniendo la mente y el corazón claros en las metas. Cuando el enfoque está en el lugar equivocado el resultado es tomar una mala decisión que puede generar desafíos en la vida. Cuando el enfoque es razonable, la batalla contra el miedo ya está ganada.

El miedo limita a muchas personas a no dar el siguiente paso. Muchos propósitos se detienen por la falta de confianza que plantea cada individuo. Se nos dice que las metas nunca se han alcanzado o son imposibles de lograr, así que esta es la percepción que comenzamos a creer y abrazar. ¿Confirmamos tales hechos o no? El miedo se describe como una mentira que atrapa al individuo y altera nuestro enfoque. No te dejes engañar porque no todo lo que brilla es oro y no todas las mentiras son miedo en el mundo. Por ejemplo, en dos ocasiones se puso a prueba mi vida superando el ahogamiento. La primera experiencia tuvo lugar en una piscina a una edad temprana. La segunda experiencia tuvo lugar en un estuario. El estuario es donde el río se encuentra con el mar. La corriente del río me arrastró y me empujó hacia el mar. Diferentes remolinos me empujaron hacia abajo y sumergió todo mi cuerpo durante unos minutos. La corriente siguió empujándome hacia adentro y hacia afuera, arrastrándome hacia el mar. Mientras me arrastraba la corriente, vi un tronco que sobresalía, así que pataleé y golpeé mi cuerpo contra este sosteniéndome con los brazos alrededor de él. Este pedazo de madera estaba lleno de astillas y terminé muy lastimado, sin embargo, salvó mi vida. El miedo está a un paso del éxito, pero debemos trabajar y dar un salto de fe para llegar al otro lado. El miedo crea preocupaciones y detiene nuestra capacidad de crecimiento y desarrollo. Pensar en asuntos futuros solo agrega más cargas en el presente. No hemos solucionado un problema durante el día, cuando vamos añadiendo otra inquietud. Estamos pensando en el futuro, cuando ahora estamos negociando el hoy y perdemos el control de nuestra vida. Sin embargo, cuando llegas a ese hoy, es el futuro del que tenías miedo. Enfrentar el miedo proporcionó un yo de realización y control. La respuesta para eliminar el miedo es enfrentarlo, combatirlo y no rendirse, porque sin riesgo no puedes estar seguro de lo que puedes encontrar al otro lado. A veces pasamos más tiempo revisando la situación sin buscar las respuestas reales. El enfoque siempre está en tomar el control de la situación dada, el deseo y las metas. Tomar la decisión correcta es un factor clave. Estamos atrapados en situaciones porque no queremos tomar decisiones independientemente del resultado. Encontrarse a sí mismo es mantener el control, las habilidades, la grandeza y el deseo propio. Un instinto humano de sobrevivencia contra todas las adversidades. Además, tener sentido de urgencia es otro elemento clave del control. El autocontrol se trata de comprender el enfoque y redirigirlo al destino y objetivos correctos para convertirse en un gran líder.

Todos los días los líderes se enfrentan a muchos desafíos. Los desafíos en la vida retrasarán o detendrán nuestro resultado debido al miedo. Muchos obstáculos son señales y advertencias para no continuar más en el objetivo. Sin embargo, a pesar del desafío que enfrentan en la vida, no limitará tu deseo de alcanzar la meta. El impulso para superar cualquier desafío es la vida motivada por la perseverancia. La perseverancia es un fuerte rasgo de liderazgo que muestra determinación para enfrentar un desafío a fin de brindar una solución. Por ejemplo, la expectativa individual es que las cosas salgan según lo planeado, pero este nunca es el caso. No obstante, la perseverancia es mantener una comprensión clara del plan sin la preocupación del miedo o las luchas que se desviarán de la meta. El líder debe maniobrar alrededor de los desafíos para alcanzar las metas. Por ejemplo, Howard Schultz, fundador y creador de una de las marcas más icónicas, *Starbucks*, enfrentó muchas dificultades en la construcción de la organización. A Schultz se le negaron préstamos bancarios más de doscientas veces. La perseverancia de Schultz para adquirir dicho préstamo provino de un prestamista privado y el resto es historia. Un factor común en un gran liderazgo es que siempre supieron que tenían un no como respuesta, pero siempre buscaron el sí. Cómo abordamos la situación es la clave del éxito. ¿Quieres seguir culpando al entorno por situaciones dadas o quieres cambiar tu enfoque para cambiar el entorno? En tu mano está la decisión de enfrentar todas las adversidades de la vida.

"Me parece que cuanto menos lucho contra mi miedo, menos se defiende. Si puedo relajarme, el miedo también se relaja." ~Elizabeth Gilbert

8

MANTENER EL AUTOCONTROL

"No siempre puedes controlar el viento, pero puedes controlar tus velas." ~Dr. Bob Chope

U no debe controlar lo controlable y dejar que lo no controlable tome su rumbo. Nuestra mente cree que la libertad se basa en tener dominio propio. El autocontrol es no dejar que factores externos controlen tu decisión. Por ejemplo, la emoción es nuestro enemigo que controla nuestra forma de pensar. Sentimientos como el enojo, el miedo o la autoestima pueden limitar las capacidades individuales o forzarlas a tomar decisiones extremas. Tomar la acción adecuada es controlar lo controlable y dejar que lo no controlable siga su curso. Además, para mantener el autocontrol necesitamos sincronización, comprensión y definición de uno mismo.

En primer lugar, el control tiene que ver con el tiempo. Necesitamos entender que estamos limitados en el tiempo y eventualmente vamos a fallecer. Por ejemplo, el tiempo es todo, desde los años que pasamos comiendo, durmiendo y trabajando, por nombrar algunos. Ahora los 70 años de esperanza de vida son más cortos porque esta se divide en cada categoría. Necesitamos ser conscientes de cómo redirigir nuestro control y aprovechar al máximo nuestro tiempo limitado en la vida. Los controles traen dudas en la mente creando una batalla interna dentro. Esta batalla es lo que mantiene las bajas individuales y los tiempos se convierten en un factor. Necesitamos entender que soltar es la forma de recuperar el control. Encuentra el propósito y date una segunda oportunidad para comenzar a repensar una estrategia. Por ejemplo, la icónica leyenda Walt Disney enfrentó diferentes desafíos a una edad temprana. Disney fue despedido de su trabajo debido a la falta de creatividad, se le dijo que Mickey Mouse no era lo suficientemente bueno, pero ninguno de estos comentarios le impidió lograr el éxito en tiempos posteriores. Disney estaba decidido a hacer realidad su sueño, inspirar a las personas y crear historias que continuaran a lo largo de generaciones.

En segundo lugar, el control es comprender las lecciones de la vida. Todas las lecciones positivas y negativas de la vida tienen un propósito. Cerramos nuestra percepción y pensamos que todo lo que pasamos en la vida es porque estamos siendo castigados, probados y este es el destino. Necesitamos aprender la lección de la vida para evitar volver a cometer los mismos errores. La vida es un escenario giratorio que se repite y el control depende de uno mismo. El camino es un camino que se va completando, el foco ahora es moldear el hoy, y así el futuro pueda tomar el rumbo. Necesitamos entender que el error es parte de las características humanas. Darte cuenta de tales errores te hará crecer como individuo y como seguidor. Debes hacer que la lección cuente y cada falla sea un nuevo comienzo. Por ejemplo, Jack Ma Yun, el fundador de Alibaba, una empresa de comercio electrónico en China, aprendió muchas lecciones de la Universidad de la vida. Ma Yun fue rechazado de trabajos y escuelas en múltiples ocasiones. No obstante, esto no impidió que lograra su exitoso meganegocio.

Finalmente, el control se trata de definirte a ti mismo por medio de la ética, la moral y los valores en tu vida. Esta es una base sólida que impulsa cuándo pensamos el porqué hacemos las cosas y cómo aceptaremos nuestro propósito en la vida. Vivimos nuestra vida con el sentido de aceptación de cómo nos vemos, hablamos, estatus social y creamos una identidad falsa de nosotros mismos para complacer a los demás. Todos tienen la libre voluntad para tomar el control, pero pocos se comprometerán con todo su potencial porque pasarán el tiempo quejándose y maldiciendo su propia vida en lugar de buscar la oportunidad que aparece frente a sus ojos. Por ejemplo, uno de los inversionistas más reconocidos y exitosos del mundo es Warren Edward Buffett. El valor central de Buffet se centra en tomar la decisión empresarial correcta para proteger y resguardar las personas, la organización y el ideal. Cada líder debe tener fuertes valores fundamentales que se llevarán a cabo en su visión, misión y propósito en la vida.

El sentimiento de autocontrol afecta nuestra mente y corazón como líder, por ejemplo, la ansiedad y las preocupaciones son dos formas de emociones que pueden parecer que no tenemos control. La respuesta es nunca darse por vencido y tomar el control de la emoción y las acciones. Esta no es una tarea simple de lograr, pero nunca imposible. Cuanto más enfatizamos el problema, más grande se vuelve en nuestra mente. No dejes que te controle, tú lo controlas. Además, cuando dejamos que las emociones se apoderen del corazón y la mente, se vuelve débil, dudoso y blando. El enfoque principal a la hora de tomar el control de la propia acción es creer en uno mismo. Cree con tu corazón y tu mente porque esto sucederá. La falta de confianza y creencia daña nuestra visión y las emociones convirtiéndose en miedo. El miedo no tiene límites ni inspiración porque todo está impulsado por el libre albedrío individual. El libre albedrío brinda la capacidad de tomar decisiones en la vida y cómo esas decisiones influirán en nuestro resultado. El sentimiento supera a las emociones creando dudas o motivación. Sin embargo, trabaja duro y se convertirá en una realidad de vida. Muchas creencias individuales de que llegar al destino es el desafío en la vida, pero verdadero desafío es mantener el resultado. Por ejemplo, cuando un boxeador se convierte en campeón mundial, la lista de retadores comenzará a formarse. Todos los retadores tendrán un objetivo en mente, quitarle ese campeonato. Para mantener el resultado, esto requiere el doble de trabajo. Mantener el trabajo requiere determinación, compromiso y disciplina, así como influir en la mente y el corazón para tener éxito. Muchos individuos pasan su tiempo frustrados por lo que no tienen y realmente ignoran toda la grandeza que los rodea. Quizás lo que crees es poco para ti, otra persona tiene la mitad de lo que tienes o nada. La realidad es que necesitamos tomar acción sobre nuestra situación y no permitir que la acción controle nuestra situación. Para comenzar este proceso, debes hacerte cargo de tu mente y corazón. Un desafío que impide que el individuo alcance la meta es la vacilación y la culpa. En otras palabras, pensamos demasiado en el desafío más de lo que es. Esto se vuelve tan poderoso que se apodera de tu proceso de pensamiento y emociones con creencias negativas. Cuando pones demasiado énfasis en el mal, te consumirá y te comerá vivo.

No podemos dejar de pensar en problemas o preocupaciones porque es parte de la humanidad. Para romper este ciclo necesitas dejar de preocuparte y crear nuevos hábitos. Hay que preguntarse ¿cómo podemos dejar de preocuparnos? ¿has pensado en cuánto tiempo pasas pensando en el problema y nada se soluciona? Cuanto más lo piensas, más difícil se vuelve el problema y más perdemos el enfoque. Parte del autocontrol está demasiado centrado en buscar respuesta al problema más allá de nuestra comprensión. A veces tenemos retos que sin importar la situación no encontramos respuesta. La situación nunca se resuelve porque las respuestas son impulsadas por factores externos y no internos. Nuestro compromiso y determinación está impulsado por lo que queremos, lo que necesitamos en lugar de la fe. El corazón y la mente toman el control proporcionando respuestas basadas en nuestra comprensión y experiencia o esperando que sucedan las cosas. Esperar a que sucedan las cosas no es la respuesta ni la solución al problema Tenemos la capacidad de cambiar el resultado, pero dejamos de creer en nosotros mismos. La pregunta que nos viene a la mente seria ¿si pudiera cambiar algo, la decisión sería diferente? No obstante, nuestra decisión crea vergüenza, arrepentimiento y dudas en nuestra mente y corazón. Para comenzar a cambiar la percepción, necesitamos un plan para ayudar al líder a tener éxito.

9

PLANIFICA TU RUTA

"Dame seis horas para talar un árbol y pasaré las primeras cuatro afilando el hacha." ~Abraham Lincoln

El mar está lleno de olas del océano que vienen en diferentes tamaños y formas. Planea montar algunas, esquivar y sumergirte en otras olas de la vida. El reto de la vida es saber el camino por el que vamos a tomar porque es la clave del éxito. Un plan de desarrollo personal ayudará al líder a enfocarse en las metas establecidas. Esto es como colocar la dirección en un sistema GPS para no perderse y tener la ruta más rápida en un viaje. La hoja de ruta requiere tiempo para prepararse y se deben considerar todas las posibilidades. ¿Alguna vez has planeado un viaje por carretera? Este viaje puede ser local o internacional. La preparación al tener un itinerario es un factor clave para comprender mejor cómo llegar al destino, qué actividades planeas hacer y la experiencia durante ese tiempo. Si tienes una mejor comprensión de hacia dónde te diriges, estarás mejor posicionado. Imagina no tener un plan, ¿en qué tipo de vacaciones se convertirán? Probablemente desorganizadas, costosas, lentas y frustrantes, entre otras cosas. No obstante, a muchas personas les gusta viajar sin tener un plan porque quieren tener una sensación de espontaneidad y aventura.

Para comprender mejor estos conceptos, necesitamos determinar qué impulsa la acción de planificar y cómo se dirigen estos deseos. La planificación no es solo una acción que requiere enfoque, es salir de lo ordinario a lo extraordinario mediante tu determinación, deseos y crecimientos personal. Necesitamos plantar una semilla en nuestra mente y corazón de que eres la única persona que estás impidiendo que se logre tu objetivo. Por ejemplo, debemos hablar con nuestra mente y corazón que no tenemos límites para establecer expectativas y todo se puede lograr. Durante nuestra infancia creemos en nosotros mismos. A medida que envejecemos, esta visión se elimina y nuestra vida se consume con negatividad, dudas y preguntas que superan nuestras ideas, deseos y emociones. El punto en la comprensión de cualquier plan es que comienza contigo y termina en ti. Planeas tu futuro, pero necesitas estar seguro de cuándo concluirá el comienzo y el final del viaje. Debes estar siempre seguro de tus habilidades y comprender el talento que impulsa esos deseos. La forma en que percibes las cosas en tu mente y las sientes en el corazón hará un cambio profundo en tu vida.

Tener tu ruta proporciona un objetivo claro y una comprensión de las metas. Debemos comenzar a confiar y creer que todo funcionará para nuestro propósito.

Además, debes hacer tu parte y brindar lo mejor de tus habilidades para lograr la meta y el plan deseado. La única persona que te impedirá alcanzar tus objetivos eres tú mismo por no tomar acciones. Pasar a la acción se trata de creer en tu sueño y los sueños se hacen realidad con un plan de acción. Si no crees en ti mismo, ¿quién lo hará? La adopción de medidas se trata de la autoestima. La autoestima es una parte importante de la vida que proporciona la comprensión en el corazón y la mente. La autoestima impulsa nuestras emociones, cualidades, percepciones, valores y creencias como individuo. Para conocerse mejor a uno mismo debemos entender quiénes somos como persona. Debemos mantener un equilibrio sin dejar que se apodere de nuestra identidad. Además, demasiada autoestima es mala y baja autoestima es mala, por eso necesitamos tener un equilibrio en la vida. El punto es confiar en uno mismo como persona, en la capacidad y comprensión de uno, pero no confiar en el orgullo. El orgullo destruirá y consumirá tu identidad. ¿Cómo vencer el orgullo? La mejor manera de vencerlo es la humildad cuando crees en ti mismo. La humildad es la capacidad de otorgar nuestros lugares ante los demás. El enfoque cambiará la percepción sobre ti a la comprensión de los demás, independientemente de la necesidad de uno. La humildad es el poder supremo del autodesarrollo más allá de nuestra comprensión. La humildad crea respeto, obediencia, comprensión y entrega. No obstante, estamos programados como humanidad que el poder es bueno pero la humildad nos muestra lo contrario.

Demasiado poder puede corromper al individuo y falta de poder puede destruirlo. El poder es tanto positivo como negativo desde la perspectiva de los líderes. Para equilibrar tanto el yin como el yang necesitamos humildad. Por ejemplo, el líder es la persona de autoridad en la organización, sin embargo, hay que reconocer que sin un equipo que apoye, nada se hará, esto es una realidad. El concepto de humildad se basa en poner a los demás antes que las propias necesidades. En otras palabras, renunciar al derecho de uno a merecer algo. Tomamos una situación que se considera negativa y asumimos el peor de los escenarios. Además, cada situación negativa proporciona una buena lección de vida. La interpretación de la mente impulsa nuestra percepción de nuestra realidad. Si la humildad se percibe como negativa esa es la identidad que definirá esos significados. La humildad es parte esencial del papel de los líderes. Mahatma Gandhi influenció a un país a luchar por su libertad en un enfoque de no violencia contra la injusticia. Los fuertes enfoques de Gandhi de liderar con el ejemplo, la confianza con objetivos claros y el no tener miedo de cometer un error muestran verdadera humildad. Los derechos humanos fueron una prioridad, convirtiéndolos en un valor central que refuerza las creencias para hacer un cambio en una sociedad, país y mundo.

10

OBJETIVO ESPECÍFICO

"Apunta para el éxito, no la perfección. Nunca renuncies a tu derecho a equivocarte, porque entonces perderás la capacidad de aprender cosas nuevas y seguir adelante con tu vida." ~Dr. David M. Quemaduras

El proceso de metas exitosas requiere un objetivo específico. El objetivo específico ayudará a centralizar el enfoque para dar en el blanco correcto. En muchos deportes, los equipos practican estrategias preestablecidas para apuntar a cada objetivo en función de un plan de juego. Estas estrategias requieren preparación, práctica, organización y planificación. La planificación para el éxito nos ayudará a comprender lo que estamos tratando de lograr y cómo se alcanzará la meta. El proceso paso a paso se puede analizar en comparación a cultivar una planta, preparamos el terreno y plantamos una semilla en el suelo, la regamos, la cuidamos y la protegemos de los insectos que pueden destruirla. La mente y el corazón funcionan de la misma manera en el cuerpo. Diariamente alimentamos nuestra mente con información positiva y negativa que nos sirve para tomar decisiones. Nuestro sentimiento es percibido como emociones que cuestionan nuestra capacidad de actuar sobre el plan. El objetivo es centrarse en el plan impulsado por la orientación del origen del problema. Deja de centrarte en los síntomas y enfócate en el origen de la situación. Por ejemplo, cuando vamos a un médico le contamos todos nuestros síntomas para obtener un tratamiento y diagnóstico adecuado. Si la información proporcionada al médico es incorrecta, estos diagnósticos serán incorrectos y no darán solución al problema. Para precisar una solución al problema, el plan debe tener los diagnósticos correctos para resolver tu inquietud. Uno de los principales desafíos por los que el plan no funciona es la falta de compromiso o comodidad en nuestra mente y corazón. Para resolver el propósito debemos tener sentido de urgencia y presión. Los empresarios tienen más éxito en lo que hacen porque su plan está impulsado por la presión de actitudes de vida o muerte. Suena drástico este tipo de mentalidad, pero un líder depende de sus acciones y resultados dados. El plan diario del líder depende de tener metas y objetivos específicos. Además, los lideres no trabajan en su horario típico de trabajo de 8 a 5, sino las 24 horas, los 7 días de la semana. La ejecución del plan está determinada por el hambre de tener éxito y el impulso para hacerlo independientemente de la situación dada. Finalmente, no es el tiempo que dedicamos a una tarea sino cómo utilizamos ese tiempo para producir el resultado.

El objetivo del líder es impulsar el resultado en la organización o en la vida personal. El resultado es impulsado por nuestra decisión y acciones, ya sea directa o indirectamente. El líder debe hacer el trabajo y este trabajo se mide por un resultado dado. Todo líder debe tener una misión que impulse al ser interior a trabajar duro día a día. La misión es el resultado final de lo que el líder está tratando de lograr. Por ejemplo, si el objetivo del líder es lograr ventas mensuales. Luego, el líder desarrollará varias estrategias para lograr esta misión que generará los resultados. Todo comienza con un objetivo específico que se convierte en una misión que conduce a resultados. Cuando el resultado no funciona, uno debe adaptarse y ajustarse a la situación dada. Muchas incertidumbres tuvieron lugar durante el comienzo de esta pandemia. El comienzo no fue claro, pero a medida que pasó el tiempo, la misma preocupación no desapareció. Entonces, ¿qué debe cambiar en la situación dada? La situación de la pandemia sigue siendo la misma, pero a medida que aprendemos más sobre este virus aprendemos a tomar mejores decisiones. Cuantas más preguntas proporcionarán decisiones y las decisiones proporcionarán una acción que conduce a un resultado con objetivo específico. El resultado es un proceso que puede ser positivo o negativo que conducirá a un resultado. Tener una comprensión clara y objetivos específicos ayudará a ahorrar tiempo y dinero a la organización. El líder debe transmitir dicha información a todos los seguidores de manera clara, eficaz y sencilla de comprender. Cuando el líder da un paso, el seguidor camina lado a lado con una clara expectativa de ese objetivo específico.

PARTE III

11

HACIENDO CONEXÍON

"Graba tu nombre en corazones y no en mármol."
~*Charles Spurgeon*

E l papel del líder es conectar con cada seguidor. La conexión debe tener lugar no como un líder o una persona en una posición de poder, sino más bien con un toque humano. Esta conexión generará un vínculo basado en la honestidad, el respeto, la lealtad y la confianza. El líder debe identificar el factor de conexión que impulsa al empleado o seguidor. Una forma de lograr esto es simplemente haciéndole preguntas al trabajador. Las preguntas pueden ser modificadas de acuerdo a la situación o discreción en la necesidad que se quiere lograr. El líder debe saber cómo hacer las preguntas correctas en el momento adecuado. Por ejemplo, un gran ejercicio para conocer a tus trabajadores es hacer tres preguntas específicas. Primero, ¿qué quiere lograr en la organización? Esto está dirigido a saber cuál es la expectativa de cada individuo, como una posición más alta, más dinero, estabilidad o desarrollo en la organización. Por ejemplo, los empleados buscan algún tipo de reconocimiento como elogios o gratitud hacia su trabajo. En segundo lugar, ¿qué sueños quieren lograr con su familia? ¿Quieren un viaje familiar a algún destino específico, comprar una casa, auto o generar un fondo para enviar a sus hijos a la universidad? Por ejemplo, el propósito de esta pregunta es comprender mejor al seguidor, generar confianza y vínculo. La confianza en cada relación o negocio permitirá que el seguidor conecte mejor con el líder. Además, un individuo no da confianza, sino que gana respeto a través de las emociones y acciones. En tercer lugar, ¿el líder refuerza el respeto? Esta pregunta está dirigida a comprender mejor el conflicto y la resolución de cada situación. Cada líder se enfrentará a algún tipo de desafío que necesitará una solución. Por ejemplo, el líder enfrentará más desafíos con empleados en entornos pequeños. Un entorno pequeño abre la oportunidad porque la interacción es más personal. Un factor importante a considerar es que la capacitación y el desarrollo requieren tanto tiempo como dinero por parte de cada compañía. El líder necesita conectarse con un empleado para desarrollar un vínculo fuerte. La conexión trae productividad y la falta de conexión dará como resultado baja autoestima, desacuerdo, negatividad a trabajar, rechazo y, finalmente abandono de la organización. El líder debe conocer las debilidades y fortalezas de cada trabajador. Hacer la pregunta adecuada permite una clara comprensión y conexión con cada individuo. Evita adivinar las respuestas y deja que los empleados digan lo que piensan y debes estar dispuesto a escuchar. La humanidad está impulsada por emociones que permiten a los individuos tomar decisiones. Muchas de las decisiones que toma cualquier individuo se basan en un pensamiento emocional y no lógico o racional. Las personas tomarán una decisión o actuarán antes de pensar subconscientemente. Esto no significa que una decisión no requerirá algún tipo de pensamiento lógico. Cada decisión se basa en la información proporcionada para llegar a una determinación que conducirá a una conclusión.

El líder debe entender la forma de pensar, sentir y actuar de ese seguidor para conectar. ¿Qué motiva al individuo? ¿Qué meta personal quiere lograr? ¿Qué lo impulsa a actuar de cierta manera? Es posible que el líder no conozca todos los detalles en las preguntas, pero puede comprender la necesidad de cada trabajador. Además, los trabajadores son la clave de la organización. Para convertirse en un líder efectivo, uno debe aprender a seguir. El líder debe guiar y permitir que el personal tome decisiones libremente. Deja que el trabajador te guíe, pero también debes guiar al trabajador. Como figura de poder no hay que cerrar la mente a nuevas ideas. Muchos jefes creen que esto causará desacuerdos en su credibilidad. Por otro lado, el jefe construye un vínculo y compromiso con cada individuo. Los seguidores buscan ese cuidado. El líder necesita construir una unión para ayudar a desarrollar una base sólida. La colaboración crea fortalezas e impulsa los resultados. Cuando te aferras a hacer las cosas de una manera y se dobla este estilo de liderazgo llega a causar conflictos y se romperá. Pero cuando tienes conceptos sólidos, será difícil romper esta estructura. Un líder exitoso entiende que la alianza, la colaboración, la sociedad en cualquier organización empresarial y la vida personal son factores clave para el crecimiento y desarrollo. Una gran asociación construirá su organización en lugar de su dinero.

12

EL PODER DE LA INFLUENCIA

"El liderazgo no se trata de títulos, posiciones o diagramas de flujo. Se trata de una vida que influye en otra." ~John C. Maxwell

El líder se mide por su influencia atrayente hacia los demás. El poder no tiene nada que ver con la influencia. La influencia es la capacidad de mover a otros sin miedo, trato o fuerza. El líder debe hacer que el seguidor vea claramente la visión y los objetivos. Un factor clave es que la influencia es impulsada por la emoción en el corazón y la mente del individuo. La influencia se hace con confianza, respeto y seguridad cambiando la forma de pensar, sentir y comportarse. La influencia crea liderazgo, pero el liderazgo no crea influencia. La capacidad de una persona para aportar una solución a una situación actual genera influencia. Además, el individuo seguirá a un líder que toma medidas para resolver situaciones actuales. La decisión dada y la acción tomada por el líder se realiza sin prejuicios, con equidad y con un claro entendimiento. En otras palabras, para entender mejor cómo las personas son influenciadas, uno debe enfocarse en las raíces detrás del individuo. Cuando el individuo siente un sentido de pertenencia o parte de la idea, se adapta. Por ejemplo, muchos creen que el dinero es la respuesta para influir en un empleado. Sin embargo, a través de mi experiencia personal en la gestión de operaciones, este no es el caso. El reconocimiento y la apreciación son las principales influencias. Muchos líderes no logran los fundamentos básicos al reconocer y elogiar a cada seguidor. El líder se consume con proyectos, plazos y servicio al cliente, por nombrar algunos, por lo que lo básico pasa desapercibido.

El líder debe implementar programas de reconocimiento y aprecio para reconocer el compromiso, la dedicación, el trabajo duro y la lealtad de cada seguidor. Esto puede parecer obvio para algunos, pero la realidad es que muchos países no tienen la cultura y las leyes para proteger a los trabajadores. Para impulsar el reconocimiento a los trabajadores, un programa del trabajador del mes o año se puede implementar y ayudará a impulsar la moral de cada individuo. Parte de este reconocimiento es la habilidad de un crecimiento dentro de la organización. El enfoque del líder en una situación dada juega un papel importante para hacer las cosas. El líder debe entender que cada uno tiene sus propios objetivos. Combinar objetivos comunes y encontrar similitudes entre el líder y el trabajador ayuda a motivar e impulsar el resultado. El objetivo del líder es influir en cada individuo. Esta influencia no debe interferir con el ideal, creencias u objetivos del trabajador. Por ejemplo, escuchar sus necesidades, tener una comunicación clara, ser respetuoso, ser cortés, elogiar y reconocer demuestra una figura experta. No obstante, el control nunca debe ser una primera opción y ningún tipo de control debe descartarse como opción si es necesario. En algunos casos se requerirá que el líder tome el control de una situación dada. En otras palabras, el líder no debe pedir permiso o aprobación para hacer las cosas. Imagínate si tiene 300 empleados y el líder comienza a pedir permiso para una nueva política que se implementará en la empresa. Muchas personas no verán el punto detrás de la política y cuestionarán tal decisión, lo que conducirá a un desacuerdo. Un líder me compartió su historia y brindó un ejemplo de cuando era una figura política en su ciudad. Dijo que tenía muchos planes para mejorar la comunidad y la ciudad portuaria que representaba. Quería cerrar una calle local en el malecón debido al problema de seguridad que estaba creando el tráfico. Durante ese tiempo, esto fue visto como una idea loca y trajo desacuerdo y protestas de ciudadanos de ese lugar. El avance rápido de esta idea se convirtió en un estilo de vida donde las familias llegan y caminan libremente por el malecón. Al principio esta idea se veía como una locura y ahora el puerto disfruta de un lugar que se ha convertido en un punto turístico y la principal atracción. Además, la capacidad de los líderes para influir en cualquier decisión impulsará los resultados en la organización y la vida personal. La influencia es la capacidad de persuadir o inspirar al seguidor para que haga lo que necesitas. El líder trabajará para el seguidor y el seguidor trabajará para el líder para alcanzar una visión y un objetivo específicos. La realidad es que ningún líder por sí solo va a construir una organización que se base en el acuerdo mutuo. Esto requiere un grupo de personas que trabajen juntas con un claro entendimiento y comunicación para dar respuestas que resuelvan la preocupación común.

13

LIDERAZGO TRANSFORMACIONAL

"La autotransformación no se trata solo de cambiarte a ti mismo. Significa cambiarse a sí mismo a una dimensión completamente nueva de experiencia y percepción."
~Jaggi Vasudev

El liderazgo es un rol influyente que transforma la vida del individuo. Un líder es un motivador que crea interés e inspira a sus seguidores con una visión clara. Este proceso es para aprender a través de nuestra experiencia personal. Por ejemplo, una experiencia personal puede transformar una forma individual de pensar o de comportarse. En otros casos, el individuo no elige la transformación, sino que se produce una experiencia inesperada más allá del control y la comprensión individual. En otras palabras, la transformación puede ser voluntaria o involuntaria dependiendo de la experiencia individual. Una experiencia voluntaria es tal que uno decide hacer un cambio. El cambio no es forzado o exigido que suceda en nuestro corazón con una razón detrás de tal acción. Por ejemplo, el individuo deja de fumar porque esto mejorará su salud y comprende que si continúa este hábito dañará su bienestar. Por otro lado, la experiencia involuntaria se realiza debido a una situación dada que sin control altera la mente. Esta situación juega un factor importante en el cambio del sistema de creencias individuales. Por ejemplo, si sobrevive a un accidente donde su vida estaba en peligro, esto se ve como un nuevo comienzo. Esta experiencia alterará tu percepción y apreciación de una segunda oportunidad en la vida. Sin embargo, el objetivo del líder es guiar al individuo hacia la visión dada. El enfoque de los líderes transformacionales es caminar lado a lado como iguales con su gente para alcanzar el objetivo. El líder entiende que necesitará al seguidor y el seguidor necesitará al líder para hacer el trabajo. El enfoque principal del líder es el trabajo en equipo, la colaboración y el compromiso para alcanzar un objetivo común. La creencia de que la unidad es poder e igualdad crea una causa mayor en cada seguidor. Este sentido de propiedad y pertenencia inspira a tomar acción en la lucha por una causa. Martin Luther King Jr., fue un activista de los derechos civiles que luchó por la igualdad en una sociedad racialmente dividida. El discurso de King *I Have a Dream* se convirtió en un ícono en la historia estadounidense que personifica la vida, libertad y oportunidades de las personas sin importar su raza, religión o género. King unió e impactó una nación dando su vida por esa causa de libertad y justicia contra el racismo. Este concepto describe a un líder transformacional cuyo poder es compartido y no tomado por un título o posición. El líder transformacional pensará más allá de su tiempo y pensará más allá de lo que otros no son capaces de prever. Por ejemplo, Elon Musk es un líder visionario y transformador en el siglo XXI que continúa expandiendo cosas que se ven como imposibles y cosas que la gente no cree que sean alcanzables. El impulso de Musk es intrépido a las normas de una sociedad determinada a lo que se cree verdadero. Un experimento social en un entorno grupal es un juego que desafía el sistema de creencias individual al aceptar las creencias de los demás. Imagínate que tienes cinco estudiantes en un grupo y sacas un bolígrafo rojo. Le dices a cuatro de los cinco estudiantes que cuando saques el bolígrafo rojo, todos estarán de acuerdo en que es azul. El estudiante al que no le fue comunicado esta información no va saber nada de lo que está pasando con los otros estudiantes. Cada vez que le preguntes a cada estudiante cuál es el color del bolígrafo, todos comenzarán a responder azul. Finalmente, le haces la misma pregunta al estudiante que no era parte de la información comunicada. ¿De qué color es este bolígrafo? Esta persona hará una pausa, pero cederá a la persuasión de la otra y estará de acuerdo con el color equivocado. ¿Por qué crees que sucederá esto incluso si la persona no está de acuerdo y sabe que el bolígrafo es rojo y no azul? El individuo no quiere perder el sentido de pertenencia y ser parte de lo masivo es la forma de ser aceptado. Cualquier desacuerdo o creencia fuera de la opinión de todos será vista como inaceptable y loca. El líder transformacional se mantendrá firme en creer porque otros no pueden identificar la comprensión y la percepción. La teoría de que la Tierra es plana sigue siendo debatida hasta el momento. Sin embargo, si aquellos exploradores creyeran lo mismo que la Tierra era plana, nunca se habría descubierto América como continente.

El liderazgo transformacional requiere varias características que debe tener un líder exitoso. Esto incluye motivación, entrenador o mentor, responsabilidad, meta, orientación, firmeza, humildad, opinión y acciones decisivas. La receta número uno es que estos líderes crean en algo más grande más allá de su comprensión. ¿El líder más grande tenía un rasgo común que siempre buscaba una respuesta? Aquellos que buscan respuestas siempre encontrarán la verdad.

14

EL PODER DE LA PERSUASIÓN

"Las palabras son contenedores de poder, tú eliges qué tipo de poder llevan." ~Joyce Meyer

El control nunca debe imponerse a ningún individuo. No obstante, demasiado control y poco control son destructivos. El líder debe mantener un equilibrio en cualquier situación dada. Por ejemplo, las plantas requieren agua, pero demasiada agua puede destruir la planta y la falta de agua también la puede dañar. Para lograr este objetivo el líder debe persuadir al trabajador en cómo logra las acciones deseadas. La persuasión es el poder de influir en otros sin fuerza o exigencia. ¿Cómo puede el líder persuadir al seguidor? Primero, la persuasión es motivación y respeto con comprensión mutua. Esta situación de ganar-ganar crea objetivos en común entre el líder y los seguidores. En segundo lugar, el líder debe tratar al seguidor con amabilidad en lugar de exigir, controlar y forzar las expectativas. Este concepto es tratar a las personas de la forma en que queremos ser tratado y crear buenos modales. Palabras poderosas como *gracias, por favor, buenos días, buenas tardes, ¿puedes?* y *perdón* son importantes en el liderazgo. Tercero, la meta del líder es desarrollar la amistad. Muchos líderes sienten que este concepto creará problemas. Sin embargo, la lealtad se crea con un vínculo fuerte y conquistando las emociones individuales. La amistad crea lealtad y confianza, otorgando autoridad para una causa común.

El líder debe entender que el poder tiene que ver con la aceptación. El aceptar es permitir el control sobre tus acciones física y emocionalmente. Por ejemplo, si aceptas una información de otra persona como valida y cierta cedes tu poder. Cuarto, el líder debe dar poder al seguidor y no quitarle el poder. Para controlar lo masivo, los dictadores limitan el poder individual. El líder debe estar abierto y dispuesto a permitir que el seguidor sea creativo, exprese su mente y no limite sus ideas o habilidades. El líder no debe crear un títere, sino dejar que el seguidor tome su decisión y acción libremente. Quinto, influir tiene que ver con la orientación. El líder debe guiar al seguidor con la asesoría y entrenamiento adecuados. La capacitación y el desarrollo son una clave sólida detrás de este concepto. El trabajo del líder es preparar a este individuo física y emocionalmente para enfrentar los retos. La realidad es que muchas personas a lo largo de la vida adquieren diferentes malos hábitos. El líder debe proporcionar las herramientas adecuadas para el éxito del seguidor. La ventaja es que el líder formará al seguidor a su manera, su estilo, sus necesidades. Esto requerirá tiempo invertido por el líder, pero al final valdrá la pena. El papel del líder es guiar al seguidor con una hoja de ruta específica para alcanzar sus objetivos personales o de empresa. El líder representa un guía, modelo a seguir, comunicador, experto, solucionador de problemas y buscador de soluciones para el seguidor. Sexto, el líder debe desarrollar el trabajo en equipo y la unidad con los seguidores. Esto permitirá la integración de cada seguidor. Trabajar juntos creará un vínculo fuerte entre el líder y el seguidor. La unidad proporciona poder con un sentido de pertenencia, causa y propósito que tendrá beneficios mutuos.

Finalmente, el líder debe delegar todas las responsabilidades en los seguidores. La delegación es un concepto fuerte porque le da poder al seguidor y trae responsabilidades sobre esas decisiones. La delegación proporciona tiempos de eficacia a la hora de trabajar hacia un objetivo. Por ejemplo, una tarea tiene una fecha específica para comenzar y finalizar. Esto permite que un gran proyecto se seccione en subdivisiones y cada rol desempeñe un papel importante para alcanzar el objetivo común. Además, esto abrirá la creatividad y la capacidad de cada individuo para pensar cómo hacer el trabajo. La delegación faculta a los seguidores para que tomen medidas y se vuelvan autosuficientes y responsables ante cualquier situación o decisión dada en ausencia del líder. El liderazgo no se trata de control, sino de influir hacia los demás. La persuasión se convierte en una fuerza impulsora detrás de la influencia. El líder debe permitir que el seguidor tome sus propias decisiones, acciones y asuma la responsabilidad de esas elecciones. El seguidor puede no tener todas las respuestas. No obstante, deben tomar la decisión con lo mejor de sus habilidades. El líder sirve como su mentor o entrenador para proporcionar una hoja de ruta con una dirección y un punto de destino. Al final, el seguidor tomará las medidas adecuadas para llegar a una decisión. No hay una decisión correcta o incorrecta en la vida. La única mala decisión es no decidir en una opción en la vida y estancarse completamente.

15

EL LEGADO EN TI

"Vive tu vida de tal manera que seas recordado por tu bondad, compasión, justicia, carácter, benevolencia y una fuerza para el bien que tenía mucho respeto por la vida, en general." ~Germany Kent

El legado de cualquier individuo juega un papel importante en el liderazgo. Este legado se adquiere a través del tiempo. En otras palabras, cómo se ven tus acciones en el pasado, cómo se transfieren al presente y crean un futuro. La percepción individual puede hacer o deshacer a un líder en base a sus acciones. Cada individuo debe hacer que cada minuto cuente porque creará una realidad. La realidad puede ser positiva o negativa según la interpretación exterior. Debemos entender que esta interpretación se crea por lo que decimos, lo que hacemos, cómo reaccionamos ante una situación y nuestros gestos por nombrar algunos. Esta comunicación puede ser verbal o no verbal que puede influir en una personalidad individual. Un legado se centra en el trabajo que hacemos a los demás en lugar de uno mismo. Por ejemplo, podemos mencionar nombres como la Madre Teresa, Winston Churchill, Abraham Lincoln, Bill Gates, Dalai Lama, Napoleón Bonaparte, Alejandro Magno y muchos otros grandes líderes en el que su trabajo se reflejó para la causa de humanidad. El enfoque del líder es servir a los demás y menos en las necesidades propias al construir un legado. Muchos líderes olvidan de dónde vienen y cómo llegaron a la cima, sus éxitos, y logros. El papel de liderazgo es una responsabilidad más que una posición de poder. Esta responsabilidad se transfiere a otros con rasgos fundamentales como la confianza, el respeto, honestidad, valores e integridad.

Primero, la confianza no se da, sino que un líder debe ganársela. El líder debe entender que la confianza no puede imponerse a ningún individuo. La acción de los líderes proporcionará confianza y respeto. La acción de los líderes es transmitir y brindar confianza y respeto a los seguidores. Sin embargo, los seguidores siempre buscan encontrar el error de un líder. El líder siempre debe mantenerse firme en sus creencias con equidad y respeto a las opiniones y puntos de vista de los demás. Uno de los mayores errores que puede cometer un líder es debatir sus puntos de vista. En otras palabras, el debate no se trata de saber quién tiene razón o quién no, o de tener un ganador con la mejor idea o teoría. El concepto de debate es exponer puntos de vista propios y fusionar ambas ideas para generar una nueva tesis. Ninguna persona puede cambiar a ningún individuo, sino que el cambio debe venir dentro de la persona. Esto no quiere decir que los comentarios o consejos se desperdicien. Todo cuenta, pero la decisión final comienza y termina con las propias acciones.

En segundo lugar, el líder debe respetar las opiniones y puntos de vista de los demás porque cada individuo es su propia mente. Sin embargo, el respeto es una cosa y estar de acuerdo es otra. El líder debe tomar una posición firme en sus creencias y valores. Por ejemplo, si esta opinión o punto de vista va en contra de la creencia personal, entonces el líder debe separarse del individuo. El respeto tiene que ver con la cortesía y la amabilidad con los demás que aprendimos en la vida. El desafío de un líder es enfrentar el prejuicio individual que encontramos en nuestra sociedad. Vivimos en una sociedad donde la violencia, discriminación, falta de respeto, mala educación o el abuso es parte de la cultura. El papel de los líderes es centralizar el enfoque en un área específica. Por ejemplo, un profesor tiene la capacidad de centralizar el enfoque con cada estudiante en el salón de clases. El profesor debe fomentar el crecimiento y desarrollo de las cualidades individuales, así como debe identificar cuál es esa habilidad especial de cada estudiante. Después de identificar esta habilidad, debemos movernos para generar un sistema. El desafío al generar un sistema es que ningún sistema único funcionará para todos los seguidores. El sistema debe personalizarse para satisfacer las necesidades de las personas y los objetivos. Al final, hay muchas maneras de llegar del punto A al B. Sin embargo, lo importante no es el camino que tomas, sino llegar al destino final. El liderazgo requiere flexibilidad y apertura para adaptarse a un escenario o situación determinada. Finalmente, el respeto se gana trabajando en los derechos individuales. El líder debe transmitir confianza al individuo de que estará protegido. Muchas leyes protegen el interés del individuo cuando se trata del lugar de trabajo. Sin embargo, más que un aumento de sueldo, una promoción o un beneficio, el individuo busca seguridad en el lugar de trabajo. Un líder que protege el derecho individual y lucha por los beneficios de sus seguidores se ganará el respeto y la admiración de todos. En otras palabras, el líder representa esa figura paterna o materna que protegerá a su hijo de cualquier injusticia. Por ejemplo, la Madre Teresa se dedicó a servicios humanitarios ayudando a los pobres, huérfanos y enfermos. Ganadora de un premio nobel por su altruismo, compasión, y devoción a causas benéficas que cambió el mundo.

Finalmente, cada decisión individual está impulsada por un principio o juicio. La integridad identifica los valores de liderazgo que están representados por la honestidad y confiabilidad. Esta creencia se convierte en un cimiento en cada líder a la hora de tomar una decisión. Por ejemplo, muchos líderes se atribuyen el mérito del excelente trabajo del equipo. Sin embargo, si algo sale mal en una situación, no se atribuyen el mérito de haber actuado mal. La responsabilidad es una parte importante para reclamar la responsabilidad en lugar de poner excusas. La imagen del líder en la organización y en la vida personal es importante para su reputación. La reputación desarrolla la relación individual, la credibilidad y las cualidades de cada individuo. Los mismos valores son transferidos y adaptados a cada seguidor. Estos principios conllevan fuertes valores fundamentales por parte del líder para que la organización tenga éxito. El objetivo del líder es ser seguido como una persona y no como una marca. La suposición es que las personas seguirán una marca, pero este nunca es el caso. La interacción humana es parte de la vida y juega un papel importante en cualquier organización. Ser parte de una empresa o tener sentido de pertenencia en la organización no se trata de los lugares donde trabajas sino de las personas que te rodean. ¿Por qué los individuos siguen a los líderes? Seguimos conexiones, similitudes, carisma, confianza, lealtad y carácter, por nombrar algunos. En otras palabras, los valores juegan un factor importante en el liderazgo porque influye en nuestra decisión y acciones. Los valores describen nuestra forma de pensar, sentir y comportarnos que se traslada a todos los aspectos de nuestra vida. Además, los valores guían la visión, misión, decisión y objetivos en la organización convirtiéndose en una cultura. La percepción de una cultura es que cada trabajador tiene un sentido de pertenencia y lealtad hacia la persona a la que sirve. Las personas seguirán al líder por sus valores y no por la empresa que representan. Además, los principios de liderazgo son una hoja de ruta fundamental que guía a cada persona hacia un objetivo claro. Este objetivo es una relación y acción mutua que se realiza entre el líder y los seguidores y viceversa para generar un resultado favorable. Este resultado beneficiará a ambas partes y alcanzar esas metas generarán un beneficio central para el líder, seguidor y la empresa.

PARTE IV

16

LIDERAZGO COMPASIVO

"Ojo por ojo dejará ciego al mundo entero."
~M.K. Gandhi

El líder representa una posición de gran expectativa del espectador y siempre está en el ojo de sus seguidores. Su comportamiento y acciones son evaluadas y juzgadas diariamente. Por ejemplo, los actores y las estrellas de cine tienen esta misma responsabilidad con su audiencia. Todo lo que hacen o dicen puede impactar su imagen y la de los demás, ya sea positiva o negativamente. Del mismo modo, la expectativa del líder está impulsada por un conjunto de estándares. Mantener tales estándares influirá en la imagen de uno. La imagen genera lealtad y respeto por parte de cada seguidor. Para lograr y mantener tales estándares, depende del enfoque de cada líder a la situación dada. La posición de líder de poder proporciona la capacidad de castigar o dar piedad a los seguidores. El líder tiene la capacidad de ejercer discreción. Muchos líderes piensan en el poder como una forma de servirse a sí mismos. No obstante, la causa está más allá de la recompensa individual en la vida. El líder se convierte en el servidor de los demás, no otros al servicio del líder. El verdadero liderazgo es ganancia cuando comprendes la necesidad de los demás. En otras palabras, antes de liderar, debes aprender a seguir. Uno de los mayores errores en una corporación es que ven a sus empleados como un número, en lugar de una persona con emociones y problemas. El enfoque del líder se encamina hacia las reglas, regulaciones y la expectativa de que nos olvidemos de sus necesidades. Para muchas organizaciones, la ganancia monetaria es su principal razón detrás de lo que motiva a un trabajador. Sin embargo, si realmente quieres saber, ¿por qué no preguntar? El líder que pide siempre recibirá. Este concepto se puede aplicar a cualquier situación o escenario de la vida.

El líder debe preguntar para comprender mejor las necesidades y deseos de sus trabajadores. El líder debe entender cómo abordar las preguntas y soluciones. Además, esta es una calle de doble sentido que mejorará la relación en el lugar de trabajo entre el líder y el seguidor. Por ejemplo, si el trabajador tiene un problema, siempre hay que asegurarse que también traiga la solución. El líder debe transferir poder a cada individuo para que pueda desarrollar una mejor habilidad para resolver problemas en el trabajo y en la vida personal. Además, la comprensión es la clave de la compasión. El líder que castiga no obtendrá ningún resultado, contra el líder que guía o proporciona asesoría. Muchos líderes creen que el miedo, el castigo o la fuerza dan mejores resultados en una situación dada. Algunos líderes creen que mostrar bondad es una debilidad más que una fortaleza. Un individuo seguirá a un líder no por su poder sino por su corazón. Los líderes construyen sueños para que las personas crean que lo imposible es posible. Ayudan a moldear la personalidad individual que forma una nueva identidad. Además, crea un propósito que cambia la vida de las personas. La compasión proporciona justicia, igualdad y unidad que conecta a las personas. La compasión del líder es una perspectiva emocional que llega a lo más profundo del corazón y se basa en: comprensión, comunicación, apoyo y empatía, que se unen para crear un liderazgo compasivo.

La comprensión es un proceso de ponerse en la situación de otra persona. Para entender, el individuo debe tener una comunicación clara. La comunicación debe hacerse de tal manera que crea seguridad, confianza y apertura para expresar las propias emociones o sentimientos. El líder debe recordar que cada individuo es diferente y debe adaptarse a la necesidad de dicho seguidor. Por ejemplo, algún individuo no abrirá su corazón inmediatamente y esto requiere paciencia y comprensión por parte del líder. Además, la comprensión consiste en identificar las necesidades o deseos del seguidor. Muchos líderes creen que el objetivo es complacer todos los deseos del seguidor y esto no es cierto. Las necesidades o deseos del seguidor pueden cambiar y debemos comprender cada situación para proporcionar un criterio. La resolución de la situación dada se basa en evaluar un perfil. El líder debe perfilar las fortalezas y debilidades de cada individuo para saber identificar mejor cada necesidad. La elaboración de perfiles ayudará al líder a comprender la característica, identificación y predicción del comportamiento o acción individual. Cuanto más sepa el líder sobre el seguidor, mejores respuestas y resolución de problemas podrá brindar.

La empatía es la capacidad de situarse en la situación emocional de la otra persona o comprender dicho sentimiento. El desafío del líder es sentir lo que la persona está sintiendo y apoyar al individuo. Por ejemplo, cuando un miembro de la familia fallece, el pariente que está cerca de la persona lamentará la pérdida del individuo con emociones más profundas. En otras palabras, si no conocías al individuo, ese afecto cambiará. No digo que al líder no le importe o ignore la situación. La falta de comprensión o experiencia personal puede contribuir a este sistema de creencias. Sin embargo, si el líder experimenta algo similar en su vida, su empatía será mayor. El líder debe comprender que cada individuo es único y que no todas las experiencias serán iguales. El líder necesita apoyar al seguidor y continuar evolucionando ante cualquier situación dada. Además, el líder debe aprender, adaptarse y cambiar a las circunstancias. La vida se trata de aprender constantemente y adaptarse a este nuevo entorno. La adaptación generará cambios para seguir creciendo y evolucionando como líder.

17

ENFRENTANDO LA RESISTENCIA

"De la resistencia viene la fuerza." ~Napoleón Hill

Uno de los principales desafíos como líder es enfrentar la resistencia de sus compañeros o seguidores. Esta resistencia puede venir en varios modelos y formas, como trato, miedo, intimidación, chismes, rumores, etc. El desafío del líder es cómo enfrentará y manejará tal oposición. La realidad es que no todos estarán de acuerdo o no les agradará el líder. El líder es visto, como una persona de poder que busca su propio interés y no el de los demás. Muchos líderes limitan la capacidad de actuar porque se preocupan mucho por las opiniones de los demás. El líder debe estar seguro de su postura crítica y de lo que representa como individuo. El líder debe tener confianza en sus palabras al decir la verdad. La resistencia es como una esponja, cuanto más te enfocas en el problema, más grande se vuelve el problema y absorbe tu mente. Un gran error cuando te enfrentas a la resistencia es actuar sin pensar y esta acción se realizará como una molestia o protección contra otra persona. Por ejemplo, una reacción ante cualquier ataque es defender nuestra posición sin un apoyo detrás de tal acción. El líder no luchará contra la resistencia sin un claro entendimiento y objetivo. Todos caemos en este juego de bajar los estándares cuando aceptamos las ofensas o comentarios negativos. Si alguien habla mal del líder, una reacción es tomar represalias sin apoyo o evidencia sustancial para proteger propios intereses. Uno de los líderes más controversiales de la historia es Napoleón Bonaparte. Considerado por muchos un destacado líder militar y dictador odiado por otros. De noble menor a convertirse en el primer emperador de Francia, lidió con la oposición mediante el miedo y el trato de la intimidación al arrestar a sus enemigos en instituciones mentales. La personalidad y popularidad dentro del régimen permitieron este abuso de poder. El líder debe pensar más inteligentemente para defender el punto de vista y pelear la batalla dada. A veces el silencio es una herramienta poderosa que mantiene al individuo cuestionando cuáles son sus pensamientos y su próximo movimiento. Además, el silencio te da el poder de ignorar los comentarios y opiniones de los demás. Asimismo, el líder nunca debe subestimar su oposición. En otras palabras, el líder nunca debe bajar la guardia. Cuanto más sepa sobre los oponentes, más comprenderá sus debilidades y fortalezas. Además, el líder debe comprender sus propias fortalezas, debilidades y capacidades. Las personas apuntarán a su propia debilidad, sea lo que sea. Si conoces tu debilidad entonces puedes defenderte mejor. Esto te dará una mejor medida de conciencia y preparación contra cualquier oposición que te pueda enfrentar.

El líder debe elegir sabiamente su batalla. El error

común es tratar de apagar todo el fuego al mismo tiempo. Debemos enfrentar las batallas más importantes para contraatacar. Tienes que evitar consumirte o distraerte en política innecesaria. No debes ceder ante el drama porque consumirá la energía sin resultado. La resistencia es como un juego de ajedrez, mueve tus piezas hacia adelante y hacia atrás para ganar el conflicto. Sin embargo, nunca dudes de ti mismo y enfrenta lo desconocido para superar los desafíos y obstáculos que enfrentarás en la vida como líder.

18

EL CARISMA

"La gestión se trata de persuadir a las personas para que hagan cosas que no quieren hacer, mientras que el liderazgo se trata de inspirar a las personas para que hagan cosas que nunca pensaron que podrían hacer."

~ Steve Jobs

El líder debe tener un vínculo fuerte con cada seguidor. El vínculo es una conexión más allá de una posición de poder o jerarquía. Este vínculo se logra con el carisma de uno. El carisma es un conjunto de habilidades que se transfiere a través de la personalidad. La pregunta que surge es si las personas nacen con tal carisma o aprenden. Personalmente, como mencioné antes, este es un conjunto de habilidades que se puede desarrollar. Por ejemplo, se puede aprender la comunicación, segura y persuasiva. Por otro lado, otros individuos nacen con tal don. El liderazgo ideal es que cada líder necesita carisma para tener éxito. No obstante, el liderazgo es una combinación de características y puntos de vista que crea flexibilidad y adaptabilidad. El líder que no se adapta nunca se desarrolla. Por ejemplo, algunos líderes están atascados con la noción de "es mi manera, no la tuya." En otros casos, es blanco o negro y no hay área gris. El líder debe entender que siempre hay un término medio. Por ejemplo, un líder puede ser estricto en sus creencias pero de mente abierta a diferentes ideas. El líder puede tener un carácter serio pero sabe cómo divertirse. Sin embargo, el líder debe ser consistente en la forma de hacer las cosas pero flexible en las decisiones. La vida no se define en líneas paralelas u horizontales. El líder debe entender hacia dónde se dirige y cómo llegará allí. Muchos líderes creen que la planificación es el factor clave del éxito. La preparación es un aspecto fundamental, pero lo más importante es actuar. Planificar es excelente, pero podemos estar de acuerdo en que no todo en la vida sale según lo planeado. Independientemente de la preparación, el individuo debe estar listo para adaptarse. Imagínate que planea un viaje por carretera y mientras conduce te encuentras con un accidente. Este desafortunado evento no es algo que estemos preparados o esperemos. Dos posibles soluciones son que podemos esperar o encontrar una ruta alternativa para llegar a nuestro destino. La reacción a la situación dada es un aspecto importante del liderazgo. Esta reacción se basa en la aceptación de riesgos sin miedo a lo desconocido. El líder enfrentará el desafío de frente con una clara determinación. La determinación es impulsada por la confianza y la visión para hacer las cosas. El líder debe transferir y conectarse con el seguidor a través del carisma. Esto se hace más allá de un conjunto de habilidades o características. El líder debe tocar el corazón y la mente del individuo para lograr el objetivo que está más allá de la ganancia personal. El carisma es impulsado por la pasión que impulsa a la gente a unirse y tomar acción con un propósito mayor que uno mismo.

19

TOMAR DECISIONES

"En cualquier momento de decisión, lo mejor que puedes hacer es lo correcto, lo siguiente mejor es lo incorrecto y lo peor que puedes hacer es nada." ~Theodore Roosevelt

P erder es ganar experiencia en la vida. En muchos casos se interpreta la pérdida como una perspectiva negativa. El individuo toma esa interpretación como una causa perdida. No obstante, esta oportunidad es un nuevo comienzo para aprender del error y crecer. Muchos grandes héroes militares han perdido muchas batallas, pero el objetivo principal es ganar la guerra. El líder debe entender que esta palabra es una oportunidad para aprender, comprender y desarrollarse a partir de los propios errores. La vida es una montaña rusa de oportunidades, unas las ganamos y otras las perdemos. El objetivo es no perder el enfoque en cada situación. El líder debe tomar decisiones difíciles en la organización. Algunas personas estarán de acuerdo con ellos y otros no. La decisión individual jugará un papel importante en la organización o en la vida personal. ¿Qué impulsa una decisión? ¿Cómo tomar una decisión efectiva? Antes de llegar a una decisión, el líder debe evaluar la situación. La información que se recibe puede provenir de diferentes fuentes. La responsabilidad del líder es investigar y buscar la verdad. La verdad es encontrar información fáctica, lo que significa estar basada en hechos reales para adquirir una solución. Los líderes no deben limitarse a una sola respuesta o solución. Las opciones en la toma de decisiones proporcionan flexibilidad. El líder debe brindar alternativas y soluciones a una situación dada. Cada respuesta debe contener tanto los pros como los contras de la decisión. Una forma de ver las situaciones es de atrás hacia adelante. En otras palabras, evalúa la situación como cuál puede ser el peor de los casos del problema dado para llegar a una solución en el momento oportuno. La eficiencia del tiempo durante una decisión es un factor importante que un líder debe considerar. El líder debe evaluar la información para generar satisfacción y lealtad. La satisfacción es un factor importante en cualquier organización. Como proveedor de servicios, los clientes son la base de cualquier negocio. Un cliente feliz crea lealtad y la lealtad genera ventas, las ventas mantienen a las organizaciones en el mercado.

El líder debe entender que no existe la decisión perfecta. Algunas transacciones generan ganancias y otras transacciones generan pérdidas. El líder debe considerar que cada decisión es un riesgo y hay dos opciones: tomar la oportunidad o dejarla pasar. Por ejemplo, el director de Blockbuster tuvo la oportunidad de su vida de comprar Netflix. No obstante, la falta de comprensión de un entorno cambiante, sumó otro factor que resultó en la declaración de bancarrota. La decisión del líder tiene un gran impacto en la organización y los seguidores. El líder debe estar abierto a la negociación antes de cerrar todas las posibilidades. El proceso de negociación permite al líder llegar a un compromiso mutuo. Por ejemplo, Netflix presentó una oferta para vender la empresa y el éxito de taquilla no logró contrarrestar la oferta. Otra posibilidad durante la negociación fue crear una sociedad. Al final ninguna de las dos opciones se llevó a cabo por la falta de negociación, lo que generó que no se viera el potencial y el interés durante la toma de decisiones en la negociación.

El liderazgo decisivo tiene un plan específico con un objetivo claro. El líder demuestra confianza en sí mismo y juicio hacia la meta dada. El líder genera confianza con los seguidores debido a la firmeza al momento de tomar una decisión. La decisión es clara, efectiva y comunicada a través de toda la cadena de mando. El líder debe decir lo que piensa, expresar su opinión con honestidad y respeto hacia los demás. Escuchar todos los comentarios recibidos para hacer los cambios necesarios si es requerido. La adaptabilidad y flexibilidad del líder permite el crecimiento y desarrollo en la organización y en la vida personal. La vida se trata de elecciones y las elecciones crean una decisión. Sin embargo, lo que hacemos con tal decisión es necesario para convertir una visión en una realidad.

LIDERANDO A OTROS

"Si quieres liderar, primero debes aprender a seguir."
~Benjamín Franklin

La vida es un proceso que se basa en un orden específico y cadena de mando. Por ejemplo, en la vida, el individuo comienza a gatear, luego a caminar y finalmente a correr. También antes de que el individuo se convierta en líder, debe aprender a seguir. Durante este proceso uno comienza a aprender y desarrollar diferentes habilidades. El seguidor se convierte en observador y práctica de su experiencia. Lo importante de la experiencia no solo es el entendimiento, sino la aplicación de lo vivido. ¿Qué fue el aprendizaje? ¿Cuáles fueron las causas y factores problema? ¿Por qué se tomaron dichas decisiones? ¿Cómo puedes mejorar para evitar hacer el mismo error? Además, el seguidor comienza a adquirir información positiva y negativa que le ayuda a desarrollar su propio estilo de liderazgo. Aprender a seguir a otros ayudará al individuo a comprender cómo conectarse desde la perspectiva de un seguidor. El individuo comienza a ver las necesidades del seguidor y cómo maneja cada situación. Cuando un individuo se posiciona en un grupo, tendrá una mejor comprensión con un sentido de pertenencia. El individuo se asegurará que cuando convierta líderes, en el futuro no le suceda las mismas situaciones vividas. El líder necesita seguidor y el seguidor necesita al líder. Tanto el líder como el seguidor deben unirse y unir esfuerzos. Uno sin el otro dejará de existir. El líder debe ser flexible con los seguidores. Muchos creen que la flexibilidad quita poder. Por el contrario, esto permite que el seguidor sea creativo y asuma la responsabilidad de sus acciones, tanto positivas como negativas. El desafío de la flexibilidad es la falta de confianza en los seguidores. La falta de confianza no se debe a la mala conducta de un seguidor. Más bien, esto es impulsado por el poder y control del líder. Por ejemplo, imagínate que, durante una ceremonia de reconocimiento laboral, el líder se lleva toda la gloria por el éxito y logros obtenido en la organización. Este ejemplo describe a un líder inseguro, egoísta y dudoso de sus habilidades. Lo que los líderes no logran entender es que la percepción motiva, guía y elogia al seguidor sin forzar el control. La realidad es que el control siempre estuvo en manos del líder, si no estos logros no se hubieran obtenido. El líder debe ver el interés de los demás antes que el de uno mismo.

El líder siempre debe asumir la responsabilidad de las acciones de su equipo. No solo tomar la gloria cuando las cosas van bien, sino también cuando las cosas van mal. Esto permite la percepción de que los seguidores tienen el control, no el líder. Cualquier acción o irregularidad será responsabilidad de los líderes, un factor a considerar para que el líder mantenga su poder o responsabilidad. Además, esto no significa que el trabajador no sea responsable de su acción y mala conducta en la organización. El objetivo es que el líder sea un guía mientras el seguidor se une y hace el trabajo bajo la dirección del supervisor.

Finalmente, los grandes líderes siempre serán reconocidos y elogiados por el arduo trabajo y dedicación de cada seguidor. También hay que reprender a los seguidores si es necesario. Por ejemplo, cualquier problema será identificado al trabajador verbalmente o escrito. El trabajador tendrá la obligación de corregir y modificar cualquier problema especulado. El líder será el orientador con respeto, honestidad e integridad representando y equilibrando los intereses personales, la organización y seguidores. El seguidor debe tener un sentido de pertenencia en la organización que se transformará en apropiación abierta a la creatividad y toma de decisiones. El líder debe apoyar y estar abierto a un nuevo entorno cambiante con varias diferencias entre cada grupo de generación. El líder nunca debe exigir el control porque control se gana al permitir que el seguidor dirija. La transferencia de responsabilidad crea obediencia por parte de cada seguidor. El liderazgo es una conexión entre los clientes, trabajadores y obligaciones de un líder creado una causa. El actor Michael J. Fox es conocido por varias películas y programas de televisión, incluyendo el papel icónico de *Marty McFly* de *Back to the Future*. Fox fue diagnosticado en 1991 con la enfermedad de Parkinson. Años más tarde, Fox se convirtió en un partidario y creó una fundación para financiar la investigación y encontrar la cura para esa enfermedad. La fundación ha recaudado millones de dólares y sigue luchando por esa causa.

PARTE V

21

ALTA EFICIENCIA

"Planifica, prioriza, predice resultados y luego ejecuta.
Estar orientado a los resultados." ~Ritesh Ranjan

El liderazgo está impulsado por una alta eficiencia. El objetivo es maximizar los recursos dados para alcanzar un resultado. Uno de los aspectos más importantes del liderazgo es medir el desempeño. Con recursos limitados, el líder debe buscar formas de impulsar resultados en la organización o vida personal. ¿Cómo puede un líder estar orientado a resultados? Un aspecto importante es la determinación de tener éxito. El manuscrito de J.K. Rowling fue rechazado varias veces por diferentes editoriales antes de lograr el éxito. La persistencia, perseverancia y determinación son factores clave en el liderazgo para lograr un propósito. El propósito se alcanza gradualmente, un paso a la vez. Por ejemplo, las tortugas bebés muestran un gran coraje al salir del cascarón para llegar a la superficie. El proceso puede durar aproximadamente 24 horas. Una vez que lleguen a la superficie, dará pequeños pasos sin temor a los misterios desconocidos del océano. Debemos imitar los pasos firmes sin voltear atrás como una tortuga para definir nuestras metas y objetivo. Además, el líder debe tomar la iniciativa para lograr una alta eficiencia. Este impulso y deseo es el motor o propósito dado por el líder. El individuo con alta eficiencia tiene hambre de éxito. El líder tomará la iniciativa en cualquier situación dada. La planificación y organización es siempre una alta prioridad. La preparación de este plan se centra en los resultados. El líder requiere meta específica para lograr esos objetivos. Es importante recordar que la preparación, organización y estrategia es fundamental para realizar el trabajo. Sin embargo, cuando todo falla, ¿cuál es el siguiente paso? El espíritu de lucha del líder es una fuerza que nunca se rendirá, especialmente cuando tienes fe en tu corazón y tu mente de que lo lograrás sin importar las probabilidades.

Nelson Mandela es un verdadero ejemplo de este espíritu de lucha que transformó un país en una democracia sin distinciones raciales. Mandela se convirtió en el primer presidente Africano de la historia de Sudáfrica. La hoja de ruta de Mandela no era fácil ni imposible, pero estaba decidido a sacrificar su vida por una causa mayor llamada libertad e igualdad. Mandela es un testimonio fiel de que no hay fuerza que pueda detener el impulso interior del líder. El líder altamente eficiente continúa apuntando a un objetivo específico. Teniendo un objetivo claro para cada meta, el líder continuará trabajando en el resultado específico.

Además, la hoja de ruta hacia el éxito no será simple ni fácil. Sin embargo, cada desafío debe ser enfrentado de frente y completarse antes de continuar el siguiente paso. Por ejemplo, imagina un videojuego de la vida en el que para pasar a la siguiente fase se tiene que completar el nivel anterior. Una vez que termines una parte, se abrirá la siguiente sección que te permitirá continuar. En otras palabras, el líder debe resolver cualquier asunto o inquietud pendiente antes de enfrentar el próximo desafío. Por lo contrario, el líder apagará pequeños incendios y distraerá la atención del objetivo. El líder altamente eficiente anticipa el problema dado antes de que sea demasiado tarde. El éxito está impulsado por una meta que se transforma en un plan. El plan requiere organización, estrategia y coordinación. Se comunica el plan a cada trabajador o seguidores para que se unan en esta tarea. La colaboración en el trabajo en equipo creará fuerza hacia el logro de la meta específica. El líder debe persuadir y motivar a cada seguidor para conseguir en el plan deseado y crear una visión exactamente tal como hizo Nelson Mandela.

"Cuando quieres algo, todo el universo conspira para ayudarte a conseguirlo." ~Paulo Coelho

22

CONSTRUYENDO NUEVOS HÁBITOS

"Las cadenas del hábito son demasiado ligeras para sentirlas hasta que son demasiado pesadas para romperlas." ~Warren Buffett

E l crecimiento y la evolución del líder siempre requerirán cambios. El cambio desarrollará nuevos hábitos y los nuevos hábitos reforzarán nuestros objetivos. Los hábitos son un plan diario que requieren una acción para alcanzar tu máximo potencial para construir rutinas y compromisos. El objetivo de cambiar un hábito es crear un cambio positivo en tu vida. El cambio modificará las viejas formas de pensar y actuar tomando una nueva identidad. Por ejemplo, si dices que no tienes tiempo para hacer las cosas ¿qué debe cambiar entonces? El cambio ocurrirá en el interior, si nos levantamos temprano desarrollaremos un nuevo cambio en la vida y dará el tiempo que deseas. El objetivo es que algo influya e impulse el hábito en tu mente y corazón. ¿Cuál es la razón por la que te levantarás temprano? ¿Tienes un propósito? ¿Tienes un plan o razón por el que quieres madrugar?

Muchas más preguntas vendrán a la mente y desafiarán tus hábitos. Hasta que cambies la percepción interna, la externa nunca cambiará. Un hábito importante que sostiene las metas individuales es la pereza. Esto requiere cambiar el comportamiento para hacer las cosas y no postergar la acción dada. Un factor clave requiere cambiar tu punto de vista para entender cómo percibimos e interpretamos los escenarios. Por ejemplo, las palabras juegan un papel muy importante en las personas. La modificación de palabras influye en la mente y corazón. Una palabra mueve montañas especialmente cuando es parte de una percepción y afirmación del individuo. Una afirmación es un conjunto de palabras u oraciones para crear pensamientos positivos en la mente y corazón.

Las cosas suceden creando nuevos hábitos, pero la falta de incongruencia creará un desequilibrio distorsionando nuestra forma de pensar y creer. El objetivo es tener un estilo de vida productivo basado en la rutina. Tener rutina es repetir hábitos en nuestra vida que nos ayuden a mejorar. Los hábitos requieren un proceso de repetición para lograr el cambio. Sin embargo, muchas estadísticas han demostrado que cambiar o mejorar nuestros hábitos llevará de 20 a 60 días. La pregunta ahora es ¿cuánto tiempo y repetición necesitamos para producir un cambio en nuestra vida? La respuesta depende de la determinación y voluntad de cada individuo porque para unos puede tardar más días, para otros menos. Por ejemplo, un hábito se puede romper con una fuerte voluntad y compromiso creando un nuevo sistema de creencias. Cuando obligamos a una persona a hacer algo, la reacción será de oposición y negativa. Sin embargo, si el individuo ve el valor de cambiar la resistencia se hace con voluntad y positivismo. El cambio no puede ser forzado o exigido. El cambio se realiza de forma voluntaria mediante la preparación, la comprensión y refuerzos. Cuando el cambio es forzado, resultará en algún tipo de resistencia. Por ejemplo, la tecnología es un cambio importante en la sociedad que sigue afectando a muchas personas. De cualquier manera, debemos entender la perspectiva de cómo definimos y vemos el cambio. El cambio preparará a las personas para acercarse a su objetivo con humildad y modificando los pensamientos.

Otra forma de cambio tendrá lugar indirectamente y sin control. Estamos programados por la sociedad, vida y experiencia personal para hacer las cosas de cierta manera. Los hábitos personales pueden verse como un cambio bueno o malo, pero debemos elegirlo o te elegirá a ti. No obstante, seguimos aceptando nuestros caminos porque nuestro corazón y nuestra mente están programados para repetir los mismos patrones. Esas acciones continúan llevándonos al mismo resultado o nada. Hay que arriesgarse y hacer las cosas fuera de la zona de *confort* para continuar creciendo y desarrollando. Proyectamos nuestros pensamientos y sentimientos al universo. Nuestras vibraciones magnéticas internas se transfieren a lo que hacemos. El mismo concepto se aplica a cambiar un hábito, que trata con el cambio dentro de la mente y corazón para proyectar el resultado a los demás. La planificación, estructura y organización te ayudarán a lograr el hábito, dado que se convertirán en estrategias efectivas. Además, la actitud determina el éxito del individuo. Cuando te limitas a alcanzar tu máximo potencial creas restricciones y concluye en un fracaso en la vida. El fracaso es la capacidad de aceptar y percibir los resultados debido a la falta de compromiso, determinación e intentos.

El desafío con los hábitos es que comienza en la primera infancia. Los padres son el primer contacto e interacción donde aprendemos hábitos. Por ejemplo, cuando un recién nacido comienza a llorar, asumimos que tiene hambre. Ahora esta repetición hará que el niño comprenda que para adquirir el alimento lo único que debe volver a hacer es llorar. A medida que envejecemos, los hábitos continúan reforzándose o convirtiéndose en un problema que afecta nuestro estilo de vida. Por ejemplo, los padres que son sobreprotectores con sus hijos afectarán su desarrollo como adultos. El niño aprenderá que necesita de los padres para todo y no contar con el apoyo puede resultar en un fracaso en el desarrollo del niño. Hay una historia de un viajante que decide ayudar a una mariposa que parecía tener problemas saliendo por una abertura en el capullo. La decisión de intervenir fue con intención de apoyar a la mariposa que batallaba por su vida y pausaba durante el proceso. El viajante decidió tomar una tijera y cortó el capullo para facilitar la salida de la mariposa, lo que causó su muerte. Esta reflexión enseña, que, como el viajante, nuestras intenciones son buenas al ayudar a otros a salir de su capullo. Sin embargo, por naturaleza, el proceso de la mariposa es lo que la prepara en el desarrollo del cuerpo con alas fuertes para volar. Son los retos en la vida que te hacen crecer, adaptar y progresar durante tu crecimiento. Lo que hay que recordar es que el niño es una esponja, aprende y adapta todo lo que ve desde el principio. Cambiar esta percepción será difícil a medida que el individuo envejece, pero nunca imposible. Una vez que se establece el hábito, la persona automáticamente reacciona ante tal situación sin siquiera saber que está ocurriendo. Para comprender mejor los hábitos, se debe conocer la raíz del problema. Por ejemplo, fumar es un hábito fuerte para romper. Las personas fuman para liberar estrés, frustración y ansiedad. Fumar, como otros hábitos, son formas de relajamiento de las cosas que están sucediendo en el entorno y vida de uno. El objetivo es comprender qué está causando los hábitos negativos y transferir el enfoque de energía en otras formas positivas.

Finalmente, para llegar a nuestro destino se requieren estrategias, planificación e imprevistos que cambiarán el rumbo de la meta. El objetivo del hábito es construir el rompecabezas pieza por pieza para mantener una imagen clara de los objetivos. La construcción de los hábitos son igual a crear una película que diariamente se realiza en diferentes tomas para formar los resultados finales. Además, para mantener un hábito se requiere una base sólida en la mente y corazón. Construye tu rompecabezas y conecta cada pieza una por una. El objetivo es aumentar gradualmente tu potencial y habilidades para cambiar lo negativo a positivo. Eventualmente, el cambio debe llevarse a cabo superando viejas creencias y convirtiéndolas en tu nuevo estilo de vida.

"Los hábitos son el interés compuesto de la superación personal." ~James Clare

23

CIRCUNSTANCIAS

"Tus circunstancias presentes no determinan a dónde puedes ir; simplemente determinan dónde comienzas."
~Nido R. Qubein

Muchas situaciones en la vida afectan y mejoran nuestras circunstancias. Las circunstancias son situación individual y acontecen a lo largo de nuestra experiencia personal o entorno. Algunas circunstancias son impulsadas por situaciones negativas que afectan nuestra vida. La mentalidad de liderazgo es cambiar esa perspectiva y comprensión de la situación real. Las situaciones pueden ocurrir sin nuestro control, pero lo que controlamos es cómo manejar las decisiones posteriores. Nuestro corazón y mente construyen un mecanismo de defensa para proteger nuestra preocupación o problemas a través de la negación para suprimir las emociones y creencias. Psicológicamente nuestras emociones se bloquearán o borrarán debido a la experiencia traumática. Sin embargo, ¿podemos cambiar nuestra circunstancia? En teoría, no podemos cambiar nuestras circunstancias pasadas, pero podemos cambiar la forma de afrontar cada situación. Oprah Winfrey es una historia de lucha y perseverancia. Tras el abuso físico y mental en su infancia, quedó desconsolada, sin embargo, ahora sirve como un ejemplo de una verdadera líder que superó obstáculos como la pobreza y los eventos negativos de la vida que la convirtieron en quien es ahora, una mujer exitosa y poderosa.

Hacer frente a la situación dada nos ayuda a centrarnos en la realidad y enfrentar el problema. Como se mencionó anteriormente, la negación supera nuestro sistema de creencias, ya sea consciente o inconscientemente. Enfrentar el problema y aceptarlo te ayudará a superar cualquier obstáculo. Por ejemplo, nacer pobre es una circunstancia que no tenemos controlada. Culpar a tus padres de esta situación es transferir el problema y no tomar responsabilidad. La pregunta que surgirá es ¿qué acciones hay que tomar para cambiar estas circunstancias? El factor clave es aceptar las circunstancias por lo que son y comprender que las circunstancias no determinan tu futuro. Muchas personas pasan su tiempo sintiendo lástima por las situaciones que ocurrieron y el resultado causado en sus vidas, pero no toman acción. Además, las personas afectadas quieren que otros experimenten lo mismo, arrastrando el dolor, odio, penas y frustración. Buscar es la clave de la comprensión y entendimiento para proporcionar respuestas. Las respuestas están dentro de cada uno, pero son ignoradas, cerrando nuestro desarrollo y crecimiento. La personalidad individual impulsa nuestros puntos de vista y así se proyectan en la vida. Por ejemplo, imagina que te despiertas enojado por la mañana debido a una situación familiar. La misma actitud se llevará a cabo a lo largo del día. La percepción es que todo va mal debido a diferentes circunstancias, pero no tenemos en cuenta nuestras propias emociones. Por otro lado, al despertar felices con un sentido de cuidado, aprecio y amor, estas emociones se transformarán de la misma manera en nuestra vida. En muchas situaciones aportamos el problema a la situación y nos olvidamos de aportar una solución a esos problemas. Necesitamos dejar de culpar a las circunstancias y comenzar a tomar el control de nuestra vida planificando una estrategia de salida.

Por ejemplo, algunas personas dicen que no les gusta su trabajo por el exceso de horas, bajos salarios que reciben y mal trato. Esto puede sonar como un buen argumento con puntos válidos, pero ¿quién tiene el control desde una perspectiva circunstancial? Tendemos a culpar a otros por situaciones que podemos controlar. Si el trabajo es el problema, encuentra otro trabajo y comienza a aplicar en algún otro lugar. Al inicio uno negocia los términos del trabajo, incluyendo el pago, expectativas o beneficios. El control está en nuestras manos al decidir si tomar el trabajo o no. Deja de culpar a las circunstancias y comienza a tomar el plan de acción correcto para solucionar el desafío. Cambia y haz ajustes en la mente y el corazón para obtener mejores resultados en la ejecución del plan. La mente se centrará en cómo percibimos, entendemos, abordamos y actuamos sobre las circunstancias. La comprensión negativa afecta nuestro corazón e impulsa el efecto espejo. El reflejo que tenemos es el reflejo que mostraremos en la vida porque el yo interior influirá en el yo exterior. Tener el plan correcto es preparar la mentalidad, física y emocionalmente para superar cualquier circunstancia con autocontrol. El autocontrol es mantener un enfoque al tomar las decisiones correctas, evaluar las circunstancias, planificar y tener libre albedrío. Si el individuo no tiene autocontrol, entonces la realidad, identidad y libertad se pierden.

Las circunstancias de la vida pondrán a prueba todos los aspectos de una situación incontrolable. Podemos sentir que no tenemos el control de la situación, pero sí en otras áreas. La identificación de lo que es controlable y lo que no es controlable es un factor clave. Un factor importante a recordar es que el significado de control es demasiado impreciso. El control limita nuestra capacidad de atascarnos en una situación dada. Además, el control tiene que ver con la adaptabilidad, no con la limitación. La percepción es que cada circunstancia impulsa nuestras acciones diarias. No obstante, sacar lo mejor de cada desafío en la vida impulsa la adaptabilidad. Adaptarse a la vida es saber que cada decisión es importante, sin importar la situación. Cuando te enfrentas a un desafío, tenemos dos opciones: enfrentar la realidad o ignorarla. El desafío en la vida es enfrentar el problema y no alejarse de él. Parte de la preocupación es que cada individuo no quiere ninguna aceptación de la responsabilidad dada. El 1% de todos los individuos utilizará esa experiencia como una lección o enseñanza para hacerse fuerte y más sabio. Las circunstancias pueden ser controlables o no, pero lo que importa es lo que haces con cada decisión. Finalmente, todo comienza con una idea y esa idea generará otras ideas. El objetivo es cambiar tus circunstancias para cambiar la percepción de esas ideas y mejorar con uno mismo. Reconocer la responsabilidad individual por las propias acciones es esencial en el desarrollo. Sin rendición de cuentas no tenemos ley ni orden que acepten la negación. No te límites a lo desconocido porque la única persona que detendrá tus metas, sueños y anhelos serás tú.

24

MENTALIDAD DE CRECIMIENTO

"Una vez que tu forma de pensar cambie, todo en el exterior cambiará junto con ella." ~Steve Maraboli

L a mente es una herramienta poderosa y no la entendemos en todo su potencial. Para entender mejor la mente, tenemos mente consciente y subconsciente. La mente consciente es la percepción de la vida. Por ejemplo, lo sabemos por nuestra experiencia. El consciente es el operador manual donde cada individuo tiene control. La mente subconsciente opera sin que nosotros sepamos o le digamos a la mente, pero es esencial para la supervivencia de uno. Por ejemplo, la respiración es una reacción natural para inhalar y exhalar el aire. Sin embargo, sin esta función podemos fallecer. Además, el subconsciente es como un mega disco duro que almacena toda la información, separa y distribuye todo.

El subconsciente es el control de velocidad crucero que regula la vida individual. Al conducir un vehículo en control de velocidad crucero, el conductor aún tiene el control en el volante para detener o elegir la dirección del automóvil. El subconsciente es de la misma manera y los individuos tienen el control de sus decisiones e información. Lo que hay que recordar es que, para cambiar la creencia, debemos cambiar la mente subconsciente. ¿Cómo podemos cambiar nuestras creencias? Reprogramar la mente no es una tarea fácil de lograr en un día. Depende del individuo cómo manejar su escenario de diferentes maneras. Las razones detrás de este concepto son que ninguna experiencia individual es igual. Las tres formas principales de reprogramar la mente son la repetición, eliminación de la negatividad y eliminación de la autoconciencia.

Primero, la repetición es una forma de ayudarte a reprogramar tu sistema de creencias. Este acto es simplemente hacer una acción física o verbal. Desde una perspectiva física esto se llama hábito o cambiar el estilo de vida rutinario de uno, del cual hablaremos anteriormente. Sin embargo, desde una perspectiva verbal esto se llama afirmación. La afirmación también se cubrirá en detalles más adelante, pero es un juramento, declaración, creencia, palabra y declaración. El objetivo es transformar subconscientemente la declaración en una realidad consciente de lo que el individuo está tratando de lograr.

En segundo lugar, otra forma de ayudarte a reprogramar tus creencias es luchar contra la negatividad. Anteriormente mencioné acerca de eliminar las creencias negativas en la mente y el corazón. Ahora el enfoque es eliminar las creencias negativas externamente. Por ejemplo, las opiniones de los demás juegan un papel importante en nuestro sistema de creencias. La triste noticia es que las personas cercanas a nosotros, como amigos y familiares, promoverán la negatividad en su mayor parte. La solución es eliminar la negatividad cambiando a esos amigos o ignorando esos comentarios. Entendemos que no podemos cambiar nuestra familia, pero podemos optar por no aceptar esos comentarios. El subconsciente aceptará la percepción de lo que aceptamos como verdadero. Lo que es cierto se basa en diferentes factores que experimentamos a través de la sociedad que se obtiene a lo largo de la vida de uno. Por ejemplo, durante la infancia tu padre menciona que no eres inteligente, por lo que no lograrás nada en la vida. Subconscientemente, esta percepción se aprende en base a este sistema de creencias tempranas que sostiene el crecimiento y el desarrollo de uno. En algunos casos, estas emociones están profundamente enterradas en el interior del subconsciente. Por ejemplo, la personalidad múltiple es causada por eventos traumáticos que afectan al individuo. El individuo actuará y representará esas personalidades para producir un escudo sobre los recuerdos suprimidos.

Finalmente, para reprogramar nuestra mente necesitamos cambiar nuestra autoconciencia. Como mencioné antes, consciente es todo lo que entendemos sobre la vida y el yo se trata de las personalidades o cualidades individuales. La manera consciente de las cosas es acerca de cómo se beneficiarán en una situación dada. Por ejemplo, qué gano con esta situación y todo se trata de mi actitud. Además, la autoconciencia es cómo la percepción de los demás puede influir en tu decisión. Este sistema de creencias establece restricciones en la mente y limita nuestra capacidad para tomar decisiones claras. La pregunta a responder es ¿a quién estamos tratando de complacer? Al cambiar la forma de pensar, cambiamos el enfoque. El enfoque cambiará nuestra percepción y dirección de la vida. La mente consciente siempre está en conflicto con la mente subconsciente. Sin embargo, tanto el consciente como el subconsciente dependen el uno del otro. Comprender estas perspectivas es como cuando tenemos hambre. Conscientemente comemos y subconscientemente digerimos la comida, pero ambos son igualmente importantes para la supervivencia y el funcionamiento de uno. El líder nunca deja de aprender y tener la mentalidad de crecimiento es una parte esencial para el desarrollo individual.

25

AUTODESARROLLO

"Conocer a los demás es inteligencia. Conocerte a ti mismo es la verdadera sabiduría. Dominar a otros es fuerza. El dominio de sí mismo es verdadero poder."
~Lao Tzu

El objetivo en el autodesarrollo del liderazgo es alcanzar el máximo potencial para lograr el propósito en la vida. ¿Se puede lograr este potencial? Las personas siempre están trabajando duro para ser mejores. Mejor se define por cada impulso individual para la autorrealización, el deseo y las metas en la vida. En otras palabras, el potencial de cada individuo diferirá y nunca será satisfecho. ¿Por qué crees que el potencial nunca se satisface? La vida se trata de un ciclo o cadena de eventos que afectan nuestras emociones. El ciclo continúa y nunca termina, creando un deseo insatisfecho impulsado por un objetivo positivo o negativo.

Primero, los objetivos positivos por medio del crecimiento no se lograrán en el autodesarrollo porque la satisfacción nunca se logra. Por ejemplo, si no tienes un automóvil, el objetivo inicial es comprar un vehículo para utilizarlo como transporte. Luego, después de comprar el vehículo, queremos un automóvil mejor. Nunca estamos satisfechos porque queremos más y mejor cada día. Cuando logramos la meta, se siente que no se hizo nada y se crea la nueva meta que se hace cargo nuevamente. El nuevo objetivo te obliga a volver a empezar. En segundo lugar, la perspectiva negativa por medio del crecimiento no se logrará debido a la codicia individual, la arrogancia, superioridad y creencias egocéntricas. Los individuos se verán a sí mismos más grandes que la vida y nadie podrá ser como ellos. Se alcanzará el éxito en ambos escenarios, pero se perderá el propósito cegándolos en su propia visión y objetivos en la vida. Ambas perspectivas son impulsadas por uno mismo e ignoran el entorno. Por ejemplo, tener una casa no es un refugio o un lugar para vivir, sino un estatus de poder, aceptación social y trofeo.

¿Puede el líder romper este ciclo? Sí, esto requiere un cambio de enfoque. El desarrollo personal tiene que ver con el éxito. La forma en que cada individuo defina el éxito cambiará cada deseo en el corazón y la mente. Las personas buscan el éxito trabajando duro para lograr un objetivo. Esto es al llegar al destino final que se establece por cada individuo. Los individuos son responsables de buscar su propio destino. La forma de llegar al destino cambiará de persona a persona. Además, ningún camino es mejor que otro y cada uno llevará diferentes experiencias y desafíos. El objetivo no es cómo llegar al destino, sino saber llegar. Todos los individuos tienen el libre albedrío para tomar decisiones y autoridad.

PARTE VI

26

LA VISUALIZACIÓN

"Todo lo que puedes imaginar es real." ~*Pablo Picasso*

E l líder debe ver la visión final antes de que suceda y el resultado no lo defraudará. Construir requiere visualizaciones y preparación para tomar una decisión sólida como todo en la vida. La decisión sienta las bases que pueden cambiar tu percepción. ¿Cuál es el poder sobrenatural detrás de la visualización? La respuesta es confiar, creer y depender de un don divino en tu mente y corazón. La visualización necesita de un objetivo marcado que hay que trabajar día a día para mejorar y hacer realidad. La visión es el comienzo y para vivirla, debemos hacer nuestra parte. Esta es una parte fundamental para todos los líderes exitosos que muestran el compromiso, disciplina y acciones para hacer las cosas. De la misma manera funciona la mente y el corazón al plantar las semillas diariamente. Riega tu planta y cuídala diariamente para buscar el crecimiento y desarrollo. No esperes a que las cosas sucedan y ten un propósito cuando hagas que sucedan. El punto es estimular tanto la mente como el corazón para que puedan sentir tu deseo, necesidad e influir en el resultado de tu vida. Toma el control total de tu vida y concéntrate en tus objetivos individuales tomando medidas en el resultado deseado. ¿Pueden el corazón y la mente crear una realidad? La visualización es una buena manera de mantenernos enfocados con los objetivos deseados. Sin embargo, solo pensar en los objetivos no soluciona la inquietud o el problema. Necesitamos tomar acción y hacer nuestra parte para hacer realidad la visión. El simple hecho de pensar en algo no cambiará nuestra realidad. Ni la visualización puede alterar y atraer el éxito. Una cosa para recordar es que nadie puede alterar, cambiar y modificar el destino o futuro con visualización. La visualización es un don poderoso que no tiene manual pero si aprendes cómo funciona el proceso operativo, el cielo no tiene límite en el liderazgo.

Además, la visualización te ayudará a mantener un enfoque claro en el objetivo y tomar la acción dada. El impulso individual ayudará a remodelar el futuro mediante la adopción de medidas. Las acciones están motivadas por la inspiración o desesperación dirigidas tanto al corazón como a la mente. La inspiración es diferente de una persona a otra, pero está impulsada por tu ser interior. La inspiración está influenciada por una observación y experiencia que impulsan un deseo en la vida de uno. Por ejemplo, tener un hijo cambiará la vida de una persona. Quizás en tus primeros años no fuiste responsable. Ahora el niño trae un cambio positivo en la vida que te hace retransformar tu personalidad, actitud y percepción sobre la vida. La percepción ya no se trata de uno, sino del niño que tiene la obligación y compromiso como padre. La inspiración es una autotrascendencia indescriptible que tiene lugar en el corazón y la mente. Durante tal proceso la trascendencia sucede sobre el individuo que trabaja indirecta pero directamente al mismo tiempo.

La desesperación proporcionará la experiencia que debido a la negación se altera la percepción y supresión de creencias que limita tu desarrollo de la vida. Por ejemplo, durante la infancia los recursos mínimos de tus padres contribuyen al límite de tu vida. Estas realidades cambian tu punto de vista y percepción al definir tu crecimiento y desarrollo individual. Este tipo de experiencia te hará comprender que tu pasado no determinará el futuro ni alterará tus creencias. El conformismo es una enfermedad que paraliza nuestra visión. Tanto la inspiración como la desesperación requieren un enfoque claro del corazón y mente que desafiará las creencias de uno.

"Cree en ti mismo y mira a través de la imagen frente a ti lo que te convertirás o realmente serás!"
~ Cesar R. Espino

27

CONFLICTO Y RESOLUCIONES

"Nuestras vidas no dependen de si tenemos o no un conflicto. Es lo que hacemos con el conflicto lo que marca la diferencia." ~Thomas Crum

L as personas se enfrentan a desafíos diarios que las consumen emocional y físicamente. La opción es enfrentar o soltar cada situación, ya que se puede apoderar de tus emociones. Cada organización tiene objetivos que lograr y depende de su personal para hacerlo. El trabajador tiene que completar las tareas diarias en forma voluntarias. El líder sirve como guía que influye en la coordinación y distribución del trabajo de cada persona. El verdadero reto es llevar el cumplimiento de sus deberes con pasión. La realidad es que muchos están en un trabajo por una compensación y no entusiasmo. Independientemente de la razón, tu responsabilidad como líder es influir de forma positiva para que cada trabajador logre las metas impuestas por tu organización.

Asimismo, para comprender mejor la necesidad de una

situación dada, el líder debe evaluar y anticipar cualquier dificultad. En otras palabras, cada persona tiene que buscar la raíz del problema. El desacuerdo es parte de la vida porque no necesitamos pensar y actuar todos de la misma manera. Un conflicto puede surgir ya sea verbal o físico, pero se interpreta de manera diferente por cada individuo. El conflicto es influenciado por nuestra percepción e interpretación que cambia con cada persona en relación con sus experiencias personales. En otras palabras, el conflicto nace entre personas cuando protege y percibe una amenaza en su manera de pensar, sentir y comportar. Imagínate que alguien está tratando de lastimar a un ser querido, tu instinto va a ser proteger y defender tu familia. El conflicto tiene lugar de la misma forma, nuestra reacción inmediata es proteger nuestra percepción en la mente y corazón. La percepción de una amenaza influye en nuestras emociones. Muchas emociones no son fáciles de dejar ir porque llevan sentimientos de odio, traición, desacuerdos y desconfianza.

¿Cómo resolver un conflicto ya sea emocional o profesional? Cada individuo tiene el poder de resolver cualquier conflicto si decide afrontarlo. Las personas no abandonan los problemas porque guardan todas sus emociones para sí mismos. Mantener las emociones para ti mismo te comerá vivo. Lo más recomendable es enfrentar el problema y sacar todas esas emociones de tu sistema. Esta no es una tarea fácil de lograr porque requiere autocomprensión porque estamos tan consumidos emocionalmente que cada decisión se toma como una reacción sin un pensamiento racional. Por ejemplo, imagina que te enfrentas al individuo que lastimó a un familiar. Tus emociones superarán cualquier negociación o comunicación en ese momento. No obstante, el objetivo es sacar esos sentimientos de tu sistema y dejarlos ir. Muchos sentimientos consumen a cada persona, pero hasta que no se resuelvan, nada cambiará. Por ejemplo, los individuos arrastran sentimientos de su pasado y de generaciones anteriores que limitan la capacidad de crecimiento y desarrollo. También, el líder debe brindar confianza a cada individuo en el equipo. La confianza es construir la relación con el trabajador para lograr el respeto. El líder debe comprender su entorno en la organización para tomar las mejores decisiones en el momento adecuado. La participación e involucramiento del líder es una parte fundamental para el apoyo moral y emocional de cada trabajador en la organización. La comunicación es un factor importante del liderazgo para acercar el problema y brindar una solución como mencioné anteriormente. El objetivo es tener una comunicación transparente con expectativas claras y directas.

Finalmente, no podemos cambiar los problemas del pasado, pero definitivamente podemos influir en el presente. Muchos individuos no sueltan las emociones y continúan trayendo su pesadilla al presente. La resolución del problema es buscar respuestas que no agreguen peso a la situación. El individuo cierra su mente a cualquier idea que no satisface sus deseos y necesidades. Sin embargo, hay dos caras de la moneda y cada punto de vista individual debe ser respetado y escuchado. Por ejemplo, tener una diferencia de opinión no se trata de probar un punto para ganar el debate. Se trata de expresar el sentimiento de cada situación desde tu propia perspectiva. La resolución de problemas es la búsqueda de respuestas que deben ser enfrentadas en el momento oportuno, respetando opiniones y posiciones, perdonando y olvidando para trascender en la vida.

28

AFIRMACIONES

"Las palabras son contenedores de poder, tú eliges qué tipo de poder llevan." ~Joyce Meyer

U na afirmación es una creencia, percepción e idea de pensamiento positivo. Este es un conjunto de palabras que se forman por medio de la repetición para crear un pensamiento positivo y estimular la mente. Esta forma de pensar se hace para eliminar la percepción. Para varios, las afirmaciones son una forma de atraer los deseos o necesidades simplemente pensando en ellos. No obstante, el proceso de afirmación no solo incluye lo verbal sino también lo escrito. El objetivo detrás de la afirmación es elevar tu nivel conscientemente cambiando tus elecciones de palabras. Por ejemplo, cambia la palabra problema por retos, no puedo hacerlo a si puedo hacerlo y terrible a diferente para nombrar pocos. Las interpretaciones de las palabras tienen un efecto importante en la vida y cómo percibimos las interpretaciones. No solo lo que decimos puede influir en nuestra mente, sino también factores como la interpretación, la tonalidad y cómo se dice. El objetivo es cambiar el vocabulario y la intención de lo que se dice, de una perspectiva negativa a positiva.

¿Cuáles son los pasos que tomar en la afirmación? ¿Qué tienes que decir en tus afirmaciones? Las afirmaciones deben realizarse diariamente por la mañana y la noche. El proceso se hace en un espacio privado, preferiblemente frente a un espejo para ver tus expresiones. Otra forma de hacer tal afirmación es mediante la meditación o relajación. Debes cerrar los ojos y comenzar a repetir tus palabras positivas. El objetivo es convencerte de que todo lo que estás a punto de decir es cierto. La afirmación está escrita en primera persona, seguida por un verbo en tiempo presente. Por ejemplo, estoy feliz, esta afirmación está declarando en el presente que en este momento estás feliz, no ayer o en el futuro.

Compartiendo algunas afirmaciones:

- ✓ Soy fuerte
- ✓ Elijo mi futuro
- ✓ Soy asombroso
- ✓ Soy imparable
- ✓ Soy increíble
- ✓ No tengo miedo
- ✓ Estoy alegre
- ✓ Soy inteligente
- ✓ Aprecio mi vida
- ✓ Estoy confiado
- ✓ Soy poderoso
- ✓ Soy capaz
- ✓ Soy creativo
- ✓ Atraigo la felicidad
- ✓ Amo quien soy
- ✓ Soy abundante

Nuestro proceso mental tiene millones de pensamientos y el 99% son negativos que sabotean nuestro sistema de creencias. Todas estas creencias se convierten en parte de nuestra vida y comenzamos a aceptarlas como nuestras. No obstante, la afirmación ayuda a transmitir nueva información para reemplazar la anterior. Por ejemplo, los teléfonos celulares generalmente obtienen diferentes actualizaciones a sus sistemas. Las actualizaciones ayudan a mejorar las características y protegen el sistema de problemas de virus o *software*. La afirmación funciona de la misma manera en nuestra mente al reemplazar lo malo por lo bueno. Cuanto más hagamos las cosas, mejor tenemos, más afirmamos, más lo creeremos e influye en el cambio personal. El cambio puede venir en varias creencias e ideas, no solo limitado a la superación personal. La repetición de palabras o declaración ayuda al individuo a afirmar sus creencias e ideas. Cada afirmación es personalizada para satisfacer las necesidades y deseos del individuo. Esto ayudará al individuo a mejorar el estilo de vida en diferentes áreas, como el amor, autoestima, prosperidad y bienestar.

29

PRINCIPIOS DE LIDERAZGO I

"Un líder es un hombre que puede adaptar los principios a las circunstancias." ~George S. Patton Jr.

L as acciones de un líder son evaluadas por todo tu entorno. Mas que una acción es una responsabilidad basada a valores, idea y fundamentos que motivan cada decisión. El líder siempre debe buscar la verdad y con eso viene la justicia. La justicia crea igualdad en la organización, lo que la convierte en una gran habilidad para liderar personas. Además, la autoridad de un líder puede ser interpretada tanto positiva como negativa. El líder puede proyectar una posición de poder generando miedo o intimidación. También puede proyectar una posición de respeto haciéndose accesible al escuchar las preocupaciones y permitiendo que las personas expresen sus opiniones. Por ejemplo, el enfoque de la política de puertas abiertas permite que las personas hablen libremente con cualquier jefe o directivos en caso de duda y conflicto que ocurra en el trabajo. A lo contrario de otras organizaciones que establecen una cadena de mando para resolver cualquier problema. La percepción de los seguidores comienza a cambiar cuando el líder escucha. El líder que escucha es visto como comprensivo, respetuoso y cordial con los demás, independientemente de su posición. El lado humano de las personas tiene un impacto importante en los seguidores que permite al líder motivar a su gente. Debemos entender que la motivación juega un papel importante en la visión individual. El líder debe encontrar el factor detonante que inspire una acción para influir a cada persona y seguidor. El agradecimiento, apreciación y respeto juega una parte importante en un líder. El líder tiene el concepto que *las acciones hablan más fuerte que las palabras*. La forma en que el líder crea respeto es siendo parte del equipo y caminando juntos con los trabajadores con esa lealtad mutua.

El alentar es un papel importante que un líder debe tener para motivar a sus trabajadores. El líder debe vender su visión y misión a cada individuo. El líder debe recordar que cada trabajador es la fundación detrás de cada organización. Por ejemplo, COVID ha cambiado la vida de muchas personas y ha creado problemas de salud para muchos, no obstante, durante tales problemas de salud críticos, muchos líderes no hicieron nada por sus empleados. El líder debe mostrar afecto y gratitud, así como una llamada telefónica puede cambiar la percepción del individuo. Además, una visita de un líder ayuda en gran medida a mostrar compasión y aprecio a una persona. Por el contrario, un líder que limita un saludo de mano, restringiendo a las personas a acercarse a ellos cuando hay problemas y no comunicarse con sus trabajadores cuando necesitan algo es una falta de respeto y confianza.

La visibilidad de los líderes crea una presencia detrás

de cada trabajador. La capacidad de tomar la decisión en una materia oportuna es importante para un líder. Muchos líderes no tienen un sentido de urgencia, lo que conduce a problemas con la información. La estructura de la organización designa a una persona responsable de un área específica. No obstante, la responsabilidad del líder es hacer un seguimiento de esa persona y buscar dicha información en un asunto oportuno. Surgen muchos problemas cuando la situación no se resolvió adecuadamente. Varios pueden argumentar que la responsabilidad pertenece a los empleados y otros pueden argumentar que la responsabilidad pertenece al líder. ¿Quién crees que es responsable de la irregularidad? Ambos son responsables, pero el peso principal descansa en el líder. El líder debe mantener un balance y un equilibrio para garantizar que se realicen los procedimientos adecuados. La precisión, el tiempo, la eficiencia y la información confiable se filtran de principio a fin. El líder debe confiar en un equipo detrás de todo porque él o ella no puede hacerlo solo. Sin embargo, la información más confiable es la que cada persona obtiene de primera mano sin perjuicio y sesgos.

PRINCIPIOS DE LIDERAZGO II

*"Un líder es un hombre que puede adaptar los principios
a las circunstancias." ~George S. Patton Jr.*

L os principios de liderazgo se determinan por nuestras decisiones y acciones. Nuestra experiencia a través de la universidad de la vida marca nuestro estilo individual. Este estilo de liderazgo continúa cambiando diariamente al adaptarse al medio ambiente y las necesidades. Un líder se define por diferentes estilos donde cada objetivo es diferente entre sí. Del mismo modo, cada experiencia personal continúa dando forma a nuestros principios. Los principios de los líderes son el motor que inspira, motiva, influye y hacen que las cosas sucedan en la organización. Por ejemplo, luchar por una causa individual motiva a las personas en lugar de luchar por un beneficio ajeno. Sin embargo, cuando combinas ambos son una combinación poderosa. Los principios del líder pueden hacer maravillas o destrucción en tu vida, organización y sociedad.

El líder busca y elige su propio principio para lograr los

objetivos del deseados. Ningún principio es mejor que otros y tu experiencia personal proporcionará respuestas basadas en errores y observación. Por ejemplo, aprender de otros líderes proporciona una perspectiva externa que te da la opción de adaptar o soltar un principio específico. Además, recomiendo 12 principios efectivos para ser un líder de éxito:

1. Comunicación

El líder debe transmitir toda la información de forma clara y a través de la cadena de mando. Todos en la organización deben conocer el plan de batalla de principio a fin. La cadena de mando es responsable de toda la información y la cantidad de información que tendrá cada persona. La comunicación debe ser clara, directa y medida con un resultado concreto.

2. Valores consistentes

Los valores individuales como la justicia, la integridad, la comprensión y el cuidado son esenciales para los demás. El líder debe identificar tanto las necesidades personales como las de los demás. Los valores se adquieren a través de la experiencia personal y la influencia de la sociedad, normas, valores y la religión que redefine a cada persona. Cuanto más fuerte sea el valor de cada líder, más influencia tendrán para motivar, inspirar y lograr todos los objetivos.

3. Liderar con ejemplos

Trabajar lado a lado con tu equipo te ayudará a liderar y crear respeto con cada seguidor. Las personas buscan líderes que luchan junto a ellos, no comanden tropas a puerta cerrada. Cuanto más cerca estés de los seguidores, mejor comprenderás sus necesidades y deseos. Esto también ayudará al líder a comprender los desafíos individuales para hacer los ajustes necesarios. Además, la lealtad se gana con las acciones de uno y no se le da a un líder libremente.

4. Trabajo en equipo

La unidad es poder cuando las personas trabajan juntas. Por ejemplo, una paja por sí sola se puede romper, pero cuando se combina con otras pajas no se destruye fácilmente. Cuando combinas los esfuerzos aumentas el poder. Asimismo, más personas para pensar y aportar ideas a los problemas y los esfuerzos se multiplicarán para completar diferentes tareas simultáneamente. El líder debe promover el trabajo en equipo porque genera igualdad, creatividad, resolución de problemas, eficiencia del tiempo y pertenencia.

5. Formar y desarrollar líderes

El mayor regalo de un líder es compartir el conocimiento con las generaciones futuras. Cuanto mejor preparación tenga cualquier individuo en la organización, más valor tendrá la organización. Esto ayudará en el aumento de las ventas y el servicio al cliente en cualquier negocio. La capacitación es un proceso saliente que debe continuar con cada miembro. Esta capacitación abrirá nuevas oportunidades para aumentar el conocimiento, la fuerza, la información y las habilidades individuales. Los mismos beneficios que serán transferidos a la organización a la que servirán.

6. Promover igualdad y diversidad

La protección del derecho individual es responsabilidad de todo líder. El líder debe salvaguardar la seguridad y el bienestar contra cualquier injusticia, discriminación, acoso o imparcialidad que esto traerá a los seguidores, incluyendo el abuso de poder por parte del líder. Para promover la igualdad y la diversidad, el líder debe crear conciencia y hacer cumplir la ley.

7. Asumir la responsabilidad y rendir cuentas

La responsabilidad de la organización recaerá en las decisiones y acciones de cada líder. El líder necesita evaluar cuidadosamente cada decisión y asumir la responsabilidad de cada acción.

8. Trabaja y busca tu crecimiento

El crecimiento personal está trabajando en tu desarrollo individual. Esto se requiere en todos los aspectos de la vida, incluidos los físicos, mentales, emocionales y espirituales. La preparación de las personas ayudará a guiar sus metas y resultados.

9. Comprender el negocio

La participación y entendimiento de la organización son factores importantes del líder. Es importante comprender las expectativas, obligación y funciones de cada individuo en la organización. Esto ayudará al líder a proporcionar comentarios que estén orientados hacia los resultados. La retroalimentación se basa en información factual, lo que quiere decir, verdadera, para ayudar a hacer crecer todos los aspectos del negocio.

10. Seguimiento

La responsabilidad del líder es verificar cada trabajo de tu personal. La inspección proporciona un control y balance para cualquier revisión de tareas. Esto se hace con una lista de verificación para anotar cualquier información que se habló durante dicha inspección. No creas lo que te dicen, hasta que lo confirmes. Al final el líder es responsable del fracaso o éxito de la organización.

11. Haz que suceda

El líder necesita planificar todos los días lo que va a lograr y requiere organización, planificación, preparación y priorización. Tener una comprensión clara de lo que se debe hacer diario, cuándo comienza y termina el proyecto y quién trabajará en él, son elementos importantes para el éxito durante la organización.

12. Promover el crecimiento y desarrollo

El líder necesita fomentar el crecimiento y el desarrollo dentro de la organización. Muchos nuevos empleados y talentos provienen de otras empresas, pero nos olvidamos de contratar internamente. El objetivo es preparar y dar oportunidades a las personas que trabajan dentro de la organización. Obtén un plan de desarrollo para trabajar y ayudar a las personas a alcanzar sus metas.

"Quién eres se define por aquello por lo que estás dispuesto a luchar." ~Mark Manson

RECONOCIMIENTO

En primer lugar, me gustaría agradecer a Dios por el trabajo que hizo y sigue haciendo en mi vida. La sabiduría y la inspiración que proporciona es su obra en este libro. Quiero agradecer también a la iglesia y a todos los padres que ayudaron en mi desarrollo como discípulo consolidando mi fe.

Segundo, quiero agradecer a todos los miembros de mi familia. Especialmente estoy agradecido por mis padres, hermanas, esposa e hija Railey D. Bravo que son mi mayor tesoro y mis fans número uno. Gracias por el amor, apoyo y motivación a lo largo de mi viaje en la vida.

Tercero, este libro no estaría completo sin un gran equipo detrás de él. Quiero agradecer a mi editora Rocío Ferriz Salinas por su trabajo detallista, hábil y sobresaliente. Mi publicador César R. Espino que siempre me mantiene en los plazos con altas expectativas, pero agradecido por su tutoría y a CRE Companies, LLC por creer en el libro y hacer realidad el sueño.

Cuarto, quiero agradecer a varios amigos cercanos que dieron su granito de arena en forma de consejos, sugerencias y motivación. También quiero dar las gracias a todos los maestros y estudiantes que estuvieron alentándome. Mi pasión por la enseñanza es la capacidad de transferir ese conocimiento a otros e inspirar a una nueva generación de líderes.

Por último, pero no menos importante, este libro está dedicado a todos los lectores que hacen preguntas y buscan respuestas. Estoy agradecido de compartir mi conocimiento y experiencia personal que condujo tanto al fracaso como al éxito. Esto me sirve como recordatorio de que mis fracasos fueron herramientas de aprendizaje para evitar cometer los mismos errores. Mi éxito me recuerda de la humildad, trabajo y esfuerzo para lograr cada meta en la vida. Esas fueron las experiencias que me hicieron la persona que soy y las mismas que quiero trasmitirles a ustedes. Nunca olvides de dar la bienvenida al pasado, abraza el presente y haz tuyo el futuro.

SOBRE EL AUTOR

Mel R. Bravo es autor número "1" en ventas internacionales de Amazon en una colaboración de libros titulada *You Can Overcome Anything!* La serie comparte retos, experiencias e historias que inspiran y motivan a vencer cualquier obstáculo en tu vida. Actualmente es profesor, emprendedor, conferencista, entrenador de vida y mentor. Tiene como visión y misión inspirar, motivar y crear líderes de talla mundial. Un profesional con mentalidad de solución con un historial de corte amplio en múltiples industrias y orientado a resultados. Cuenta con una maestría en Administración de Empresas con más de 25 años de experiencia.

https://www.facebook.com/mel.bravo.1201

www.ingramcontent.com/pod-product-compliance
Lightning Source LLC
Chambersburg PA
CBHW061726020426
42331CB00006B/1107